Ⓢ新潮新書

伊東ひとみ
ITO Hitomi

キラキラネームの大研究

618

新潮社

キラキラネームの大研究●目次

第三章　無理読みは伝統だった

第四章　言霊がつくったややこしい状況

☆コラム

序章　「キラキラネーム」という名のミステリー

『枕草子』と「苺苺苺」と

「見た目は変わっているところはないけれど、漢字に書くと大袈裟なもの――いちご。つゆくさ。（中略）くも。くるみ……」と挙げ連ねて、「いたどり（注＝タデ科の植物で別名スカンポ）も虎の杖と書くという。虎は杖などなくても大丈夫という顔つきをしているのに、おかしな話ね」と、漢字表記への違和感を表明しているのは、ご存じ清少納言。『枕草子』の一節である。

平安時代、「いちご」「つゆくさ」「くも」「くるみ」「いたどり」は、漢字では漢名を踏襲して、それぞれ「覆盆子」「鴨頭草」「蜘蛛」「胡桃」「虎杖」と書いた。現代まで生き残った「蜘蛛」「胡桃」はともかく、「覆盆子」などは、なるほどいかにも仰々しい。

漢字伝来後、古くから呼びならわしていた和名に無理やり中国での表記（漢名）を当てはめたため、日本人の感性にそぐわないこんな字面になってしまっていたのだ。

当時、漢字は「真名《まな》」と呼ばれ、教養の高さを示す権威の象徴とされていた。そんな漢字の格式も、何事も類型にとらわれず、自分の美意識に従って好き嫌いをはっきり言い切る彼女にかかっては形なしだ。

もっとも、漢字はもっぱら男性が使うもの、女性は「仮名《かな》」を書ければ十分とされていた時代である。こうして漢字の素養があることを言外にアピールするような才気ばしったところが鼻につく人も多かったらしく、正反対の性格で「一」の字も書けないふりをしていたという紫式部は、「清少納言は得意顔でえらそうにしている人。利口ぶって漢学の才をひけらかしているけれど、よく見るとまだまだ足らないことが多い」と日記に書き残している。あしざまな言われようである。

だが、清少納言はそんなことはお構いなし。「ブスな女と貧相な男が夏の昼に添い寝をしているのが見苦しい。顔が見えない夜にやりなさいよ」(「見ぐるしきもの」)とか、「宮仕えをする女性を、浮ついていて軽薄だと思っている男は最低」(「おひさきなく」)などと、現代にも通用する気持ちいいほどの毒舌ぶりを『枕草子』で発揮している。

歴史に「もしも」はないというけれど、もしこの毒舌家が、千年の時を超えて「苺苺苺」という昨今流行りのキラキラネームを目にしたら、いったいなんと言っただろうか。ふと、そんな想像をたくましくしてしまう。

というのも、この名前、「苺苺苺」と書いて「まりなる」と読むというのである。その不整合感たるや、「覆盆子」で「いちご」の比ではない。

だいたい清少納言が「覆盆子」にイチャモンをつけたのは、平安時代の漢和薬物辞典『本草和名《ほんぞうわみょう》』の「いちご」の項に「一名、覆瓫」とあり、その名は果実がカメ（瓫）を伏せたような形をしていることに由来する、と承知のうえでの物知り自慢という色が濃い。大袈裟には違いないが、素性は由緒正しい表記なのだ。

ところが、「苺苺苺」ときたら、どういういきさつでそんなことになったのか、現代人である私にもその由来はまったくわからない。それゆえに、かなうことなら胸のすくような彼女のコメントを聞いてみたいものだ、と思ってしまうわけだ。

いや本当に、こんな夢想にふけりたくなるくらい、男の子に「澄海（すかい）」「在波（あるふぁ）」「今鹿（なうしか）」、女の子に「心愛（ここあ）」「王冠（てぃあら）」「希星（きらら）」など、自分の子供にアニメのキャラクターのような名前をつける「キラキラネーム」の当て字が、最近とんでもなくアクロバティックなのである。

「光宙」くんとの〝出合い〟

そもそも私がこんなことを考えるようになったのは、今から五年前の二〇一〇（平成二十二）年に、「光宙（ぴかちゅう）」くんと〝出合った〟ことがきっかけだった。ちょうど古代漢字に関する本を執筆していたときであった。ひょんなことから、インターネット上の記事で「光宙」とその仲間たちに出くわしたのである。実際には数例が紹介されていたはずなのだが、とにかく「光宙」の印象が強烈だった。私の中ではそれは、当時調べまくっていた古代漢字が集う森で、奇妙な風体の「光宙」くんとひょっこり〝出合った〟体験として記憶されている。

古い時代の漢字の字形には、古代の人々の知恵や哲学が凝縮されている。そんな伝統をもつ漢字を用いておきながら、キラキラネームは古来継承されてきた漢字の世界観に背を向け、字形に刻み込まれた字義の引力をまったく感じていないように見えた。

たしかに以前から、人気を博したドラマや漫画の主人公の名前をつけたりすることはあった。「ぴかちゅう」とは、「ポケットモンスター」のピカチュウに違いない。だが、そんな名をわが子につける親が本当にいるのか、にわかには信じられなかった。

今、ネット上では、こうした命名を問題視して、「非常識すぎて呆れる、引いてしまう」といったマイナスのニュアンスの「DQN（ドキュン）」という言葉を用いて「DQNネーム」と呼び、珍奇な名づけをする親を非難する声が渦巻いている。

なかでも「光宙」といえば、DQNネームの代表例としてつねづね取り上げられる名前である。私が最初にこの名に出合うことになったのも、そんな事情が関係していたのだろう。当時のネット界でも、「光宙」に対しては、「親はいったいなにを考えているんだ」「そのひどさは一種の虐待」といった激しいバッシングが起こっていた。

たしかに、そう言いたくなる気持ちもわからないではない。しかし、「光宙」という名前に出合ったとき、真っ先に私が感じたのは、批判めいた気持ちよりなにより、本当に実在するのだろうかという戸惑いと、「命名の現場でいったいなにが起こっているの？」という困惑、そして漠然とした違和感……。清少納言ならば、怜悧な洞察力でズバリと核心を突く考察もできようが、凡庸な私はどう理解したらいいのかわからず、ただ茫然と立ち尽くすばかりだった。

相手が人にしろ、ものにしろ、未知なるものに出合った瞬間に心に浮かぶ思いというのは、理屈で測れるものではない。それでいて、その出合いがしらの印象はのちのちの相手との関係に影響を及ぼし、方向を決定づけることさえある。

いわく言いがたい違和感を残した「光宙」くんとの〝出合い〟は、私にとってそんな類のものだった。もともと「日本語における漢字」に関心をもち、折も折、古代漢字漬けになっていた時期だったことも手伝って、常識を覆すような珍奇な名前に対する疑問が次々にわき上がり、気がつけば私はキラキラネームをめぐる謎を追いかけていた。

多数派は「読めない名前」

こうして、実在しているのかいないのか、それさえ定かではない「光宙」くんの影を追いかけるように、キラキラネームの謎を探る私の〝旅〟が始まった。

実際には命名の現場はどういうことになっているのか。そもそも、「光宙」という名前の子供は本当に実在するのか。まずはこの謎を明らかにしようと、キラキラネームの実態を調べ始めてからほどなくのこと。私の前に、「勘解由小路光宙」なる漢字群がいきなり出現した。これには意表を突かれたが、この漢字の意味するものとはなにか、どう読むのかは、ここではひとまず明かさずにおこう。気になる謎解きはどうか本編をご覧いただきたい。

とにもかくにも、こうした新たな〝出合い〟もあり、当初は「こんなひどいキラキラネームまである！」といった情報に振り回されっぱなしの私だったが、調べていくうちに名づけの現状が次第に見えてきた。

そして浮かび上がってきたのは、ネット住民から虐待との烙印を押されても仕方のないような奇矯な例は突出したケースだということだった。実態としては、珍しい漢字の読み方をしたり、これまでの日本語の名前にはなかったような音の響きをもっていたりする「読めない名前」がキラキラネームの中の多数派であることが知れた。

あれから五年の年月がたっても、キラキラネームの勢いはとどまるどころか、ますます拡大している。ここ最近は誰の目にも明らかなほどに急増。テレビを見ていても、画面に登場してくる子供たちは、ほほえましい日常のレポートに出てくる子供も、さまざまな分野で活躍していると紹介される子供も、フリガナがなければ読めない名前の持ち主であることが少なくない。

キラキラネームというと、親がＤＱＮである表れと見なされて、おもしろおかしく語られることが多い。しかしキラキラネームは今や、一部のいわゆるＤＱＮな親による命名ではなく、フツーの親たちがフツーにつけるものとなっているのは間違いない。もはや、暴走族の「夜露死苦（よろしく）」みたいだと嘲笑している場合ではないのである。

日本語が背負った宿命の落とし穴

だが、そうなると、にわかに不可解に思えてくるのが、どうしてフツーの親たちがわざわざキラキラネームをつけるのか、ということだ。

しかし、日本語における当て字・当て読みという視点から考えてみると、急増している「読めない名前」は、かわいいわが子に個性的でステキな名前をプレゼントしたいと願うあまり、音も、漢字の意味も、画数も、どれもこれも最高なものを、と欲張ってあれこれ盛っているうちに、キラキラ化してしまったものと了解される。

ステキな意味をもつ良い字だから、「心」と「愛」を使いたい。だったら、「心《こころ》」を「ここ」、「愛《あい》」を「あ」と読ませてしまおう。そうすれば「ここ」と「あ」で、「ここあ」と読める。まあ、かわいくていい名前じゃないの！——どうやら、こんな具合に名づけされ、「わざわざ」ではなく、「いつの間にか」キラキラネームになっているようなのだ。

そうしてでき上がった「心愛（ここ＋あ）」には、正直ギョッとさせられる。だが、よくよく考えると、「修める」の「おさ」だけを使って「修巳（おさ＋み）」とか、「有」の音読みの「ユウ」から「ユ」をとって「有美子（ゆみこ）」とするなど、こうした手法は昔から使われていた。

「光宙」にしても、じつは「光一」と書いて「ぴかいち」と読む語句がある。今でも使われているこの言葉は、もとは花札用語で、手札のうち一枚だけが「光り物」である手役のことをいう。『広辞苑』の見出し語にも、しっかり「ぴかいち【光一】」と採用されている。「光宙」でさえ、読み方としてはそう突飛なものとはいえないわけだ。

「名づけの常識」とは、私たちが思っているよりずっと頼りない。あっけないほど簡単に揺らいでしまうものなのだ。そう気づくと、キラキラネームの当て字感覚がそれほど常識はずれなものといえるのか、それすらだんだんと怪しく思えてくる。

要するに、キラキラネーム現象というのは、「ヤンキー気質」などというマーケティング用語で云々する位相を通り越した、もっと根深いところで、日本語の体系の根幹に関係する問題なのである。

私たちの遠い祖先は、日本固有のやまとことばを書き記す必要に迫られたとき、中国の文字である漢字を導入することにした。そのために、漢字をさまざまな音訓で読むという複雑な用い方をすることになった。言ってみれば、そもそも日本語そのものが無理読みという宿命を背負っているのだ。清少納言の不満の所以もここにある。

すなわち、近年急増している難読名は、フツーの親たちが日本語の宿命ゆえに、無理読みの落とし穴に足をすくわれた結果の産物ということができよう。

キラキラネーム現象の核心にあるもの

ところが、ここにまた新たな謎が浮上してくる。無理読みが日本語の宿命だとするなら、最近になってキラキラネームがこれほどまでに急増したのはなぜなのか。以前はそのようなことはなかったのに、どうして最近の名前はどんどん常識から逸脱していくのか。その背景にはなにがあるというのか——。

本来、言葉には、悠遠な過去の記憶が刻み込まれている。ふだんなにげなく使っている言葉でも、いざ引き抜いてみると、その根っこはズルズルとどこまでもつながっていて、〝言語の森〟の奥深くにある水源に養われているものなのだ。事実、「覆盆子」は漢名というれっきとした語源があった。だが、「苺苺苺」はどこまでも軽く、どこにも根を張っていない。

同じ「いちご」をめぐる不整合でも、清少納言の指摘した「覆盆子」と、キラキラした「苺苺苺」とでは、その背景はまったく異なる。こうした両者の間にある断層——おそらく、これがキラキラネーム現象の核心に控えている問題なのだ。謎の核心に気づいたのは、私自身、ひとまずよしとしたい。しかし、それでなんらかの答えが得られたわけではない。じつはこの地点に至るまではまだほんの序の口で、実際には、ここからがキラキラネームの謎を探る〝旅〟の本番だった。

なにしろ、太古から営々と積み重ねられてきた日本語の深層にかかわる問題である。とても一筋縄ではいかない相手だったのだ。気がつけば、私は出口の見えないミステリーの迷路に入り込んでいた。それからの〝旅〟は、古代にまでさかのぼり、まだ文字のなかった「言霊《ことだま》の国」を訪ねたり、歴史上の人物たちの名前や難読名などが集う「名前の世界」を訪ねたり、諱《いみな》（忌み名）をはじめとする「習俗の領域」を訪ねたり、奥行きの知れない〝言語の森〟を彷徨することとなった。

千年の時をワープして清少納言からズバッと明快な助言を聞きたいと私がぼやきたくなったのも、おわかりいただけるのではなかろうか。

現象の向こうを見る〝旅〟に

キラキラネームに関しては、ネット上で論争を呼んでいるだけでなく、それに言及した書籍も見られ、個性化願望の表れとされたり、「下流社会」「マイルドヤンキー」といったキーワードで解説されたり、さまざまに分析されている。それらに見られるような歯切れのいい論を期待される向きには、戦後日本や明治時代にとどまらず、古代にまでさかのぼる私の〝旅〟は、呆れるほど迂遠なものに映るかもしれない。

しかし、幸福の青い鳥を探す旅に出たチルチルとミチルは、「思い出の国」「夜の御殿」「幸福の花園」「未来の王国」と、はるばる尋ね回ったからこそ、日常の中にある幸せに気づいたのではなかったか。遠回りはきっと無駄ではない。指先一つでどんな情報も簡単に手に入ると思われている時代だからこそ、「今」という表層を見るだけではわからない深層を「日本語の漢字」という視座で考えてみる意味があるはずだ。

キラキラネームの背景にあるのは、若い親たちのヤンキー気質に帰結するような単純な問題ではない。その奥には、日本人全体の言葉の問題が横たわっている。

毎年、年末に「今年を漢字一文字で表すと?」という質問がされ、「絆」「心」「愛」「誠」などの漢字が挙げられるが、どれも重力を失ってフワフワしているように感じられないだろうか。今、日本中にあふれている「夢をあきらめないで」「がんばろうニッポン！」「愛は勝つ」といった耳に心地よい言葉たちも、重みをもたない平板なものになってはいないないだろうか。

近年見られる、漢字や言葉を薄っぺらなイメージだけでとらえるこうした感覚は、じつはキラキラネーム現象と深いところでつながっている。その謎を解明し、日本語の未来を考えるためにも、迂遠な〝旅〟にお付き合いいただければ幸いである。

（なお、以下本書ではＤＱＮネームではなく基本的に「キラキラネーム」という呼称で統一することとする）

第一章　なんでもありの「キラキラ界」

読めない個性的な名前

お笑い芸人、元オセロの松嶋尚美が二〇一三（平成二十五）年六月十八日に出産した第二子の長女を「空詩（らら）」ちゃんと名づけた、と出生届の写真入りで自身のブログで明らかにして話題になったことがある。彼女は、第一子長男には「珠丸（じゅまる）」くんと命名。兄妹ともに、普通とはひと味違うセンスのネーミングだ。

二〇一三年生まれの芸能人の子供では、ほかにも杉浦太陽＆辻希美夫妻が第三子次男（三月二十一日生まれ）を「昊空（そら）」くん、モデルの神田笑花《えみか》が第二子次男（四月十七日生まれ）を「或叶（あると）」くんと命名した。ちなみに、杉浦＆辻夫妻の長女は「希空（のあ）」ちゃん、長男は「青空（せいあ）」くんという名前だ。また神田の長男は「覇王（はお）」くん。人気漫画『ＯＮＥ　ＰＩＥＣＥ』から命名したのだそうだ。

みんな、一見しただけではなんと読むのかわからない独特な名前である。
読み方がわかりにくい個性的な名前が増えていることは、教育関係者や小児科医など大勢の子供たちと接する機会のある方々の間では十数年前から知られていたが、一般にも注目されるようになったのはここ数年のこと。名づけた親はキラキラしたステキな名前をつけたつもりでいても、解読不能な名前の数々は、第三者には衝撃をもって受け止められることが多い。そのためキラキラネームはあちこちで物議を醸し、インターネット上には読み方をテスト形式で尋ねる〝検定〟まで公開されている。

あなたは読めますか？

では今、どんなキラキラネームがあるとされているのだろうか。
2ちゃんねる育児版のスレッド（一つの話題についての投稿の集まりのこと）を中心に子供の名前をまとめた「ＤＱＮネーム（子供の名前＠あー勘違い・子供がカワイソ）」というサイト（http://dqname.jp/）には、さまざまな場面で発見されたキラキラネームが登録されている。その数、二〇一五年三月現在で約二万五〇〇〇件。サイト内に設けられた「読み方テスト」のページでは、その中からランダムに選ばれた一〇問が出題される仕組みになっている。人様の子供の名前をネタ扱いするようで申し訳ないが、私がトライした問題をまずは紹介しよう。

①楽汰（男）②手真似（男）③愛夜姫（女）④勇行侍（男）⑤羚碧（女）
⑥紗冬（女）⑦翔太（男）⑧陽夏照（男）⑨心（女）⑩空翔（男）

らくた？　てまね？　そんな読み方のはずはないし、どう読むのだろうか？　いくら頭をひねっても、想像がつかない。だが、なにかしら答えを入力しないと解答が表示されない仕組みになっているため、とにかく思いついた読み方を書いてみた。結局まったく歯が立たず、私は全敗。散々な結果だった。

正しい読み方は、次のとおりだという。

①るんた　②さいん　③あげは　④いいじ　⑤れい
⑥しゅがあ　⑦せんた　⑧ひげき　⑨ぴゅあ　⑩あとむ

「心」は「ぴゅあ」ということで

自分の子供にこうした命名をする人の気持ちはよくわからないが、読み方がわかってみると、意図したところはなんとなく想像することができる。

まず、①「楽太《るんた》」の「楽」を「るん」と読ませるのは、「楽しい→るんるん」からの連想ではないだろうか。次の②「手真似《さいん》」は、この言葉を英訳すると「ｓｉｇｎ」となる。その「サイン」という読みを漢字で表現しているに違いない。

さらに③「愛夜姫《あげは》」は、どう考えてもアゲ嬢をイメージしているとしか思えない。アゲ嬢とは、キャバクラ嬢の教科書ともいわれた雑誌『小悪魔ａｇｅｈａ』に出てくるようなファッションをした女のコのこと。「愛される夜の姫」と書いて「あげは」とは、なるほど言い得て妙だ。いや、しかし、これは子供の本名である。キャバクラ嬢の源氏名としてなら秀逸だが、子供の名前としては……いかがなものだろう。

④「勇行侍《いいじ》」は、「侍のように勇ましく行く子になってほしい」という願いを込めた名前なのかもしれない。だったら「行」を入れずに「勇ましい侍」と書いて「勇侍（ゆうじ）」としたほうがずっとわかりやすかったのではないか、などと思ってしまうが、そんなことはよけいなお世話か。

⑤「羚碧《れい》」の「羚」は、辞書にも「レイ」という字音が載っている「かもしか」を意味する漢字。読み方にまったく反映されていない「碧」をつけたのは、この文字の訓読み「みどり」のイメージを加えたかったからなのかもしれない。

⑥「紗冬《しゅがあ》」は、字面はきれいだが、人名というよりお菓子の名前のようだ。こう書いたところで気づいたのだが、「紗＋冬」で「さ＋とう」、そこから「砂糖」となり、それを英語にして「シュガー」となったに違いない。もはやトンチの世界である。

⑦「翔太《せんた》」は一見普通だが、「翔」という漢字には「せん」という読みはない。

⑧「陽夏照《ひげき》」は、「陽」と「夏」にはそれぞれ「陽射《ひざ》し」「夏至《げし》」という言葉があるし、「照」には、これ一字で「あきら」と読ませる名前が以前から存在する。そこで、それらの読みの一部のみをピックアップして「ひげき」としたのではあるまいか。しかし耳で聞いたら、ほとんどの人が「悲劇」を思い浮かべてしまいそうだ。

⑨「心」と書いて「ぴゅあ」、⑩「空翔」と書いて、空を翔《かけ》る鉄腕アトムから「あとむ」。この二つには、人名ということをうっかり忘れて、お見事！ と思わず膝を打ってしまった。お題としては（あくまでお題としてだが）、きれいに決まっている。

サイトによれば二〇一五年三月現在、これまでに延べ約三七〇万人がこのテストに挑戦したといい、過去の成績をみると、一〇点満点中、平均点は一点。トライした人の中で最多なのは〇点というから、いかに難読かがわかるというものだ。

実在はホントにほんと？

序章で触れたようにキラキラネームをめぐっては、ネットユーザーから批判の声が多く寄せられている。「そんな親がつけたＤＱＮネームは〝下流〟の印。就職や結婚にも不利になる」と断罪する意見や、「珍奇ネームの子は虐待の犠牲になりやすい」という極端な説まで出ている始末である。

たしかに、「心太（はあふ）」「黄熊（ぷう）」「侍椰（しゃあ）」「泡姫（ありえる）」「姫星（きてぃ）」「究極美子（くみこ）」「芯次威（しんでぃー）」などといった名前に批判的になるのもわからないではない。

だいたい、「心太」は「ところてん」と読む熟語である。周りの人たちも誰も気づかなかったのか？　それとも名づけた親は周囲の反対に耳を貸さなかったのだろうか？それに、その読みがなにゆえ「はあふ」なのか？　シャアとは、あのガンダムの？　ペットではないのだからクマのプーさんってどうなの？　「究極に美しい子」だなんて、美少女に育たなかったらどうする？　次々にツッコミを入れたくなる。こんな名前を背負わされた子供たちの将来を思うと、たしかに暗澹たる気持ちになるのは否めない。

だがしかし、一方で、ちょっと待てよ、という気にもなる。その強烈さゆえに、本当にこんな名前の子供が実在するのかという疑念がどうしても湧いてきてしまうのだ。

先のサイトでユーザーからの投票をもとに計算される「ＤＱＮ度ランキング」の上位には、「戦争（せんそう）」「愛ミ夜（まみや）」「煮物（にもの）」（いずれも女児名）などという、もっとひどい、悪意すら感じる名前が登録されている。ここまでくると、やはりにわかには信じがたい。

事情に詳しい方たちからしたら、なにを呑気なことを言っているのだ、認識が甘すぎる、とお叱りを受けるかもしれないが、こうした「戦争」ちゃん級の名前を持つ子供に実際に会ったことがあるという人は、本当にいるのだろうか。

ＤＱＮネームサイトが意図的に話を面白くしていると言うつもりはない。しかし、噂というものは拡散していくうちに、いつの間にか憶測も加味されて、無意識のうちに加工されていくものだ。ことに名前は、本当に実在するのか、本当に役所にその名で届けが出されているのか、真偽を確かめることが難しい。

「友達の友達の話なんだけど、彼女、料理が全然できなくて、子供が生まれるまでに肉じゃがを作れるようになるってご主人と約束したんだって。上達しなきゃ、その子の名前は煮物（にもの）にするって、ご主人に脅かされたらしいよ」

「マジ？　煮物って難しいじゃん。ホントに名前が煮物になっちゃったりして（笑）」

こんな他愛ない会話が人から人へ伝わっていくうちに、「そういえば、友達の友達の子供の名前、煮物になるかもしれないんだって」となり、それが「煮物になっちゃったらしいよ」と変形し、ついには「友達の友達の子供の名前、煮物なんだって！」と、本当につけられた名前として流布していくというのは、いかにもありそうな話である。

「光宙」は都市伝説か

キラキラネームについて考察するにあたっては、まずこのあたりをはっきりさせておかなければならないと思う。

同じようなことを考えた人がいたとみえて、ネットを見ていたら、「ＤＱＮネームの話でよく話題になる『光宙』という名前、実在するの？」という記事を見つけた。「rabbitbeat の日記」というブログの記事で、二〇一一（平成二十三）年九月十九日にアップされたものだった。

このブロガー氏は、ネット上で「光宙（ぴかちゅう）」情報の発信元をたどった末、「@nifty：デイリーポータルZ」の二〇〇三年九月十九日のコラムに行き着いている。私も後追いで見てみたら、たしかに「最近の子供の名前」と題したそのコラムには、執筆者が友人や知り合い、ご近所さんに「身近で変わった名前の子っている？」と聞いて収集した中に、「光宙」くんがいた、と書かれていた。ただ、コラム執筆者も認めているのだが、これがかなりアバウトな聞き取り。〝光宙ハンター〟と化したブロガー氏は、「本当に実在するのか、実際にどこでその名前を見たのか聞いたのか分からず、およそ信頼できる調査ではない」として、さらなるリサーチをかけている。

そして彼は、2ちゃんねるのDQNネームのスレッドに「ぴかちゅう」という名前が最初に登場したのは、二〇〇一年九月だったことを突き止めている。当時の漢字表記は「光中」となっており、「光宙」という漢字が登場したのは同年十二月だったとしている。さらに、ネタとして「ぴかちゅうという名前があったら」という投稿なら、二〇〇〇年十二月まで遡れたという。

こうした成果から考えるに、「光宙」くんの存在は、やはり都市伝説の域を出ないと言わざるを得ない。むろん、「息子を光宙と名づけました」という投稿が見つからなかったからといって、それが即、実在しないという証拠にはならない。だが、情報の出所がはっきりしないということは、そういう名前の子供の実在もまた、証明できないことを意味している。

前出のDQNネームサイトでは、そんな疑問を想定し、「よくある質問」欄に「この名前、Ｙａｈｏｏ！やＧｏｏｇｌｅで検索しても何もヒットしません。ネタでしょ?」という問いを設けて、「検索して何もヒットしない方が普通です。自分の子供、あるいは他人の子供の実名をネットで晒す人は少ないですから」という答えを用意している。

こうなると、信じるか信じないか、二つに一つ。どこまで行っても平行線で、宇宙人やＵＦＯの存在をめぐる論争と同じような様相を呈してくる。こんなところにも、都市伝説らしいニオイが漂う。

謎の「勘解由小路光宙」

ブロガー氏のほうは、「光宙」（読みはたとえば「ひかる」など）が読めない名前という話題で注目され、ふざけて「ぴかちゅう」と読まれたとする説あたりが、いちばん可能性が高いのではないかと記事をまとめている。

私も同感だ。好きなアニメの登場人物の名前からとるにしても、『鉄腕アトム』から「空翔（あとむ）」とか、『となりのトトロ』に出てくるメイちゃんにちなんだ「夢彩（めい）」（「夢《ゆめ》」の「め」＋「彩《いろどり》」の「い」）などは日本のどこかにいそうだが、さすがに『ポケットモンスター』の「ピカチュウ」はないだろう。

と、ページを閉じようとして、ふと目をやったコメント欄に、「勘解由小路光宙（1808―1862）が元ネタなんでしょうね」という書き込みを見つけた。トラックバックから、投稿したのは京都大学の安岡孝一准教授（正確には、京都大学人文科学研究所附属東アジア人文情報学研究センター准教授）とわかった。『新しい常用漢字と人名用漢字　漢字制限の歴史』（三省堂）などの著書を持つ研究者である。そんな専門家から、「光宙」についての興味深い事実がもたらされていたのだ。

それにしても、いきなり出現した「勘解由小路光宙」には面食らったが、「勘解由小路」というのは、全国で二つしかないといわれている漢字五文字の苗字の一つで（ついでながら、もう一つの五文字の苗字は「左衛門三郎《さえもんさぶろう》」）、江戸時代初期に創設された名家。「光宙」は、その第八代当主の名前だった。「勘解由小路光宙」とは、すなわち「かでのこうじ・みつおき」殿にあらせられる。

「光宙」という人物が、二〇〇年も前に実在していたのだった。ただし、当たり前だが「ぴかちゅう」ではなく、「みつおき」として。こちらはこちらで十分難読である。

ホントのところはわからないが、もしもこの歴史人物の名前がキラキラネームの代表格「光宙（ぴかちゅう）」誕生のきっかけになっていたとしたら、現在も存続している勘解由小路家のご当主はさぞや驚かれることだろう。

「悪魔」くん騒動との違い

筆者はDQNネームサイトを批判したいのではない。また、DQN度ランキングの上位に並んでいる名前が実在するか否かを問題にしたいわけでもない。

ただ、キラキラネームについてはネット上ではさんざん論議され、その呼び名は定着しているといっても、新聞や雑誌、テレビなどのマスメディアが扱うには、まだ不案内な読者や視聴者も大勢いる。そこで前置きとして「キラキラネームとは」という説明が必要となる。その際、とくに「DQN度」が高いといわれる「光宙」などの名前が紹介されることが多い。読者らにイメージしてもらいやすいからだ。

しかしそうなると、極度にひどい名前が代表例として取り上げられることになる。結果、キラキラネームの実際がよくわからないまま、その極端な例が多くの人々から生理的な反感を買って、勢い、「なんだ、この名前のつけ方は！」「今どきの若い親はけしからん！」という大合唱になりがちだ。

こんなふうにイメージだけで「キラキラネーム＝非常識な親がつける名前」と決めつけて、頭ごなしに非難したりする風潮が、ちょっと危うい気がするのだ。

現に、自民党の安倍晋三総裁は、衆院選を直前に控えた二〇一二（平成二十四）年十一月十五日、東京都内で開かれた講演会の席上で、「光宙」と書いて「ぴかちゅう」と読ませる例を挙げ、キラキラネーム批判を展開。「キラキラネームをつけられた多く（の子供）はいじめられている。ペットではないのだから、そういう親も指導しなければいけない」（十一月十六日付の読売新聞朝刊）と訴え、衆院選で自民党が政権を奪回したあかつきには、子供を持つ親の教育に取り組む考えを強調した。

でも、「光宙」くんは存在しないかもしれないわけで、「ペット感覚の名づけは問題→親を教育的指導すべし」という図式でとらえるのは、ずいぶん乱暴である。本当に実在するかどうかわからない、もしかしたらネタかもしれない名前から敷衍して、キラキラネーム全体を槍玉に挙げるというのは、見当違いというものだ。

一九九三（平成五）年に生まれた子供に「悪魔（あくま）」と命名しようとした親が市と家庭裁判所で争い、大きく報道された騒動があったのをご記憶の方も多いだろう。残念ながら、いつの時代にも、常識では考えられないことを仕出かす親はいるものだ。だが、そうした全国で何例あるかどうかという極端な事例と、近年のキラキラネームとは明らかに異なる現象である。

突出した例だけに目を奪われていては、肝心なことを見落としてしまう恐れがある。先にレッテルを貼ってしまうと、キラキラネームが急増している現象の本質をつかみそこねてしまうのではないだろうか。

（なお、「光宙」くんの実在の証拠をお持ちの方はぜひご一報いただきたい）

読めなくてあたりまえ

今、命名の現場でなにが起きているのか。その意味するものはなんなのか——それを知るためには、ネットに頼らずに、キラキラネームの実際をできるだけ〝生け捕り〟にする必要がある。それにはどんな方法があるだろうと思案していて思いついたのが、市町村が発行している広報誌である。

近頃は個人情報保護のため公表していないところもあるものの、まだ多くの自治体の広報誌に慶弔欄があり、新生児誕生のお祝い情報を掲載している。これなら間違いなく出生届を出された名前だし、漢字表記だけでなく、読み方も知ることができる。

世間一般の名づけの現状の一端を探るべく、さっそくいくつかの町の広報誌を調べてみた。ここでは秋田県にある人口約三万七〇〇〇人の市の広報誌の二〇一二（平成二十四）年六月一日号から十二月一日号（四月十五日〜十一月十五日届出分）の「お誕生おめでとうございます」欄に掲載された名前を届け出順に紹介しよう。

【男の子】

凌真（りょうま）　遥斗（はると）　尋（ひろ）　琉生（りゅうせい）
羽琉（はる）　禮示（ひろし）　奏和（かなと）　晴輝（はるき）
蓮（れん）　颯琉（そうる）　琉九（りゅうく）　優音（ゆうと）
正虎（まさとら）　煌理（きらり）　龍心（りゅうしん）　海斗（かいと）
廉心（れんしん）　陽智（ひさと）　晃誠（あきなり）　聡介（そうすけ）

天輝（てんき）　一蕗（いぶき）　遥斗（はると）　漣（れん）
翔斗（わと）　佑飛（ゆうひ）　鯉太郎（こいたろう）　悠宇（ゆう）
新汰（あらた）　悠良（ゆら）　蒼龍（そうた）　侑星（ゆうせい）
怜琉（れいる）　光佑（こうすけ）　海里（かいり）　聖煌（せお）
暖太（はるた）　光我（こうが）　璃來（りく）　陽太（ひなた）
拓巳（たくみ）　蒼斗（あおと）　琉翔（りゅうと）　蒼（あおい）
佑康（ゆうこう）　鷲（しゅう）　叶汰（きょうた）　謙蔵（けんぞう）
葵（あおい）　翔月（かづき）　翔英（しょうえい）　礼人（あやと）
伶（りょう）　真大（まひろ）　隼汰（はやた）　優作（ゆうさく）

【女の子】

咲愛（さくら）　楓華（ふうか）　珠世（たまよ）　栞來（かんな）
杏（あん）　優維（ゆい）　心結（みゆ）　瑠唯（るい）
穂乃佳（ほのか）　梨桜音（りおね）　仁菜（にな）　陽葵（ひなた）
杏弥（あや）　縁（ゆかり）　未夢（みお）　結佳（ゆいか）

一葉（かずは）　莉桜（りお）　愛（あい）　陽依（ひより）
あおい（あおい）　凛羽（りう）　望花（みか）　莉乃（りの）
莉央（りお）　日菜子（ひなこ）　心愛（ここな）　花歩（かほ）
明莉（あかり）　妃莉（ひまり）　朱莉（あかり）　凜（りん）
芳佳（ほのか）　海織（みおり）　愛翠那（あすな）　奏（かなで）
奏（かなで）　依織（いおり）　萌生（めい）　怜奈（れいな）
にいな（にいな）　愛結（あゆ）　月（るな）　結夢（ゆめ）
悠愛（ゆうあ）　遥乃（はるの）　仁笑（ひとえ）

男の子も、女の子も、なかなかにキラキラした個性的な名前ぞろいである。正直言うと、予想していた以上にキラキラしていた。読み方が掲載されていなかったら読めない名前がほとんどだ。

もはや、「読めない個性的な名前」はちっとも珍しいものではなくなっている――それはまぎれもない現実だというのが一目瞭然の結果だった。

ほかにも九州や信州などの町の広報誌も調べてみたが、同じようなキラキラ度合いで、地域による違いはほとんど見られなかった。流行の伝わり方などを考慮すると、都会と地方とでは傾向にある程度の差異はあるだろうが、秋田県に位置するこの地方都市だけがことさら特殊とは考えられない。

身近に小さな子供がいる方は、保育園や小学校の名簿をご覧いただきたい。そこにはやはり同じような傾向の名前が並んでいるはずだ。

キラキラネームの基本形

これらの名前の〝キラキラ感〟はいったいどこから来るのだろうか。つらつら眺めていて痛感するのは、「フリガナがないと読めない」ことに加えて、「フリガナがあっても、読み方に違和感が残る」ということだ。

改めて言うまでもないことだが、読み方がわからないのは、漢字表記と読みにズレがあるせいである。キラキラした印象を抱かせる名前では、たいていの場合、使っている漢字はさほど難しいものではないのだが、読みが通常の音訓とはまったく異なる読み方になっている。

男児七人目の「奏和」など、どうしてこの字で「かなと」と読むのか、初めのうちは不思議だったが、おそらく「大和」という二文字全体で「やまと」と読む熟語を無理やり分解して「大（やま）」と「和（と）」に音を振り分け、「奏《かな》でる」の「かな」とドッキングさせて「かな＋と」にしたのだろう。

そのほか、たとえば「りょうま」という名前なら、従来は「龍馬」か「竜馬」とするところをあえて漢字を変えて「凌真」としたり、「さくら」も「桜」ではなく「咲愛」としたり、意表を突く文字遣いをしている。ちなみに、「咲愛」は「咲（さく）＋愛（ら）」。「愛」を「ら」と読むのは、「ＬＯＶＥ」の「ラ」ではないかと推察する。

さらに音の響きに着目すると、今までの名前にはなかった音の響きになっているものが目立つ。「りゅうく（琉九）」「まさとら（正虎）」「れいる（怜琉）」「ふうか（楓華）」「りおね（梨桜音）」――これらの名前は耳慣れない響きをしていて、そう読むという発想がないので読めないのだが、漢字の読み方自体はさほど無理読みをしておらず、わかってみれば案外すんなり読めたりする。

これらを総合して、キラキラネームの基本形というものを改めて定義し直すと、これまでの常識とは異なる漢字の読み方をしたり、これまでの日本語の名前にはなかった音の響きをもっていたりする難読の名前ということになるかと思う。

　ネット上で激しいバッシングの的となっているセンスの奇矯さは、こうした言葉の用法とは次元を異にする問題である。もっとも、常識では考えがたいそんな名づけが可能なのも、自分流の解釈や感覚で漢字に勝手な読み方を当てる「当て字」という基本手法があればこそ。ＤＱＮ度の程度はさまざまあるが、どんなキラキラネームも共通項は「奔放な用字と日本語離れした音の響きゆえに他人が読めない」というところにあり、すべてがそのベーシックモデルの変形といっていいだろう。

二〇一二年生まれの新生児の名前

　明治安田生命が毎年発表している「子供の名前ランキング」を見ても、全体の名づけの方向性は「読めない名前＝キラキラネーム」を感じさせる結果となっている。

　表1は、「二〇一二年生まれの子供の名前（表記）ランキング」である。

　男の子のベスト3は「蓮（れん）」「颯太（そうた）」「大翔（ひろと）」。以下、「大和（やまと）」「翔太（しょうた）」「湊（みなと）」「悠人（ゆうと）」「大輝（だいき）」「蒼空（そら）」「龍生（りゅうせい）」と続く。

　カッコ内で紹介したのは、最も多いとされる読み方だ。「翔太」の読み方の主流がさすがに「せんた」ではなかったのにはホッとするが、二四ページのテストにあったように、「せんた」と呼ばれている「翔太」くんも、この中にいるかもしれない。

命名人気三位の「大翔」も、その読み方は「ひろと」だけではなく、「かける」「はると」「だいと」「しょう」「やまと」「だいき」「たいせい」「たいが」「つばさ」「そら」など、まちまち。多くのバリエーションがある。

主流派の「ひろと」という読み方にしても、キラキラネーム特有の無理読みの産物である。この場合、「大」を「ひろし」と読ませる名前が以前からあるので、そこから「ひろ」をとり、加えて「翔」を「と」と読んでいる。

司馬遼太郎の小説に『翔ぶが如く』という題名の作品もあり、「翔」を「とぶ」と読ませることもあるが、手元の漢和辞典『漢字源』を見ると「翔」の訓読みは「かける」のみで、「とぶ」は採用されていない。が、そこは司馬遼太郎に倣って、「空高く飛ぶ」という意味で「とぶ」と読み、一文字目の「と」をとったのだろう。

「大輝」には、「だいや」という読みもあるそうだ。これは、大胆にも「輝」の訓読み「かがやく」の中にある「や」をとり、漢字の意味と音の両面から「大きく輝くダイヤモンド」を表現しているのではなかろうか。

表１　子供の名前（表記）ランキング 2012

男の子の名前ベスト10

順位	名前	主な読み	人数
1位	蓮	れん	20
2位	颯太	そうた	17
3位	大翔	ひろと	16
4位	大和	やまと	15
5位	翔太	しょうた	14
	湊	みなと	
	悠人	ゆうと	
	大輝	だいき	
9位	蒼空	そら	12
	龍生	りゅうせい	

女の子の名前ベスト10

順位	名前	主な読み	人数
1位	結衣	ゆい	22
2位	陽菜	ひな	21
3位	結菜	ゆな	18
4位	結愛	ゆあ	16
	ひなた	ひなた	
	心春	こはる	
7位	心愛	ここあ	14
8位	凜	りん	13
9位	美桜	みお	12
	芽依	めい	
	優奈	ゆうな	
	美結	みゆ	
	心咲	みさき	

表２　子供の名前の読み方ランキング 2012

男の子の読み方ベスト10

順位	読み方	人数	前年順位
1位	はると	86	1位
2位	ゆうと	59	2位
3位	そうた	56	4位
4位	ゆうき	46	7位
5位	はやと	43	9位
6位	はるき	42	3位
7位	りゅうせい	38	ランク外
8位	こうき	37	8位
9位	そら	35	13位
10位	そうすけ	34	5位
	りく	〃	16位

女の子の読み方ベスト10

順位	読み方	人数	前年順位
1位	ゆい	60	1位
2位	りお	46	3位
3位	ゆな	44	5位
4位	ひな	42	8位
5位	こはる	41	14位
	ひなた	〃	29位
7位	めい	39	8位
8位	みお	37	10位
9位	さき	33	3位
10位	みゆ	31	5位

＊表 1、2 ともに調査数／男児 3,388 人、女児 3,222 人（明治安田生命調べ）

女の子のほうは、男の子よりもっとキラキラした名前がベスト10に入っている。ベスト3は、「結衣（ゆい）」「陽菜（ひな）」「結菜（ゆな）」。そのあとも、「結愛（ゆあ）」「ひなた（ひらがな名）」「心春（こはる）」「心愛（ここあ）」「凜（りん）」「美桜（みお）」「芽依（めい）」「優奈（ゆうな）」「美結（みゆ）」「心咲（みさき）」と、使用漢字や読みのテイストが似た名前がずらりと並んでいる。

ここでもカッコで最も多い読み方を紹介したが、こうしてフリガナが振られていなければ一部の名前以外は読めない、という人が多いだろう。いや、フリガナがあっても、戸惑う人もかなりいるに違いない。

音の響きを優先

女の子部門の命名トップ人気は「結衣」だが、表2に示したように、読み方でも「ゆい」が最も人気を集めている。この音でほかの表記もある中、「結衣」が最多だったのは、ドラマやCMで活躍している新垣結衣の影響もあるのかもしれない。

名前表記の二位には、AKB48の小嶋陽菜を連想させる「陽菜」が入っている。ただし、こちらは〝こじはる〟の愛称で親しまれている小嶋陽菜のような「はるな」という読みではなく、「ひな」と二音で読ませるのが主流である。

最近はかわいらしさや呼びやすさから、女の子の名前は「ゆい」「ひな」「ゆあ」のように二音にするのが流行りらしい。表2の女の子部門を見ても、読み方の上位四位をすべて二音が独占、ベスト10のうちでも八つの名前が二音となっている。

たしかにこうした名前にはやわらかな優しい響きがあって、かわいらしい印象を抱かせる。昭和の頃に主流だった「子」のつく名前はどこか硬質な響きがあったから、それに比べるとふわりとした空気感がある。

日本においては古来、「言霊」といって、発せられる言葉（音）に霊的なパワーが宿っていると信じられてきた。それを知ってか知らでか、現代の若い親たちも、音の響きにはかなりのこだわりを持っているということなのだろう。

現在、名づけに最も大きな影響を与えていると目されているのが、第一子を産む妊婦のおよそ三分の一が読むという人気マタニティ雑誌『たまごクラブ』とその関連の「たまひよ」名づけ本（ベネッセコーポレーション）だが、そのたまひよ読者二〇〇人を対象に行った「名づけアンケート」（二〇〇八年八月調査）でも、名前を考える際に重視したのは「名前の音の響き」とする回答が最も多かった（表3参照）。ここからも、音の

表3　たまひよ読者の名づけ事情アンケート
「名前を考える際に重視したことは?」

順位	重視したこと	割合(%)
1	名前の音の響き	19
	漢字の画数（吉数）	19
2	姓とのバランス	14
3	漢字の意味	9
	名前に込める親の願い	9
4	名前の表すイメージ	6
	呼びやすさ	6
5	個性的な名前	3
	生まれ月の季節、自然	3
	読みやすさ	3
	親やきょうだいとの名前のつながり	3
6	小説や映画等の登場人物の名前	2
7	偉人や有名人の名前	1
	海外でも通じる名前	1
	書きやすさ	1
	その他	1

※たまひよ読者200人の「名づけアンケートより」2008年8月調査
（ベネッセコーポレーション調べ）

響きがやはり重要な要素になっている傾向がうかがえる。

同音異字のバリエーション

こうした傾向自体に文句をつけるつもりはないが、じつはそのことが、近年のキラキラネーム増加に拍車をかけている節がある。

というのは、あまりに響きにこだわりすぎると、どうしても音と漢字を強引に組み合わせて名前をつけてしまいがちになるからだ。

そのせいで常識とは異なる漢字の読ませ方になってしまうケースが増えている。

たとえば、女の子の名前の読み方で人気トップの「ゆい」は、「結衣」以外にどんな漢字表記ができるのか。『たまひよ赤ちゃんのしあわせ名前事典　2013～2014年版』で調べてみたら、「音から選ぶ名づけ」の「ゆい」の項には、なんと七〇近い名前がリストアップされていた。「侑生」「夕唯」「友彩」「結心」「友結」「夢衣」「夢苺」「優生」「唯愛」――その造語のあまりの自由さには驚かされる。

そういえば、冒頭に紹介した松嶋尚美も、長女の名前を「空詩（らら）」ちゃんとした理由について、「お腹の中にいるときに、ずっと仮名前として、『ララ～』って呼んでたんです。そしたら、もう他の名前じゃ、しっくりしなくってね」とブログで明かしている。「つけたかった漢字は、あんまり画数がよくなくて」とのことで、「『ら』って読める漢字を、天才達にいっぱい聞いたわ（笑）」と命名の裏話を綴っている。

そうやって決めた「空詩（らら）」ちゃんという名前。「空」を「ら」と読むのは、「そら」の「ら」からに違いないと想像がついたのだが、「詩＝ら」の由来がまったくわからない。まさか、フランスの天才詩人アルチュール・ランボーの「ラ」？　いくらなんでも、それは飛躍しすぎか。うーん、気になる。彼女の知り合いの「天才達」はいったいどんな〝名案〟を思いついたのだろう。

☆伝統の角界にも出現した「キラキラ四股名」

最近、角界にもキラキラネームの波が押し寄せているという。そう聞いて、「把瑠都（ばると）」「阿覧（あらん）」「阿夢露（あむうる）」といった外国人力士の名前を連想した。だが、日本文学研究の世界的権威ドナルド・キーン先生ですら、帰化後に通称として使っていらっしゃる漢字名は「鬼怒鳴門（きーん・どなるど）」。外国人なら妙な当て字になるのは仕方がないだろう——と思った私は甘かった。近頃話題なのは、日本人力士の名前なのだ。

二〇一三（平成二十五）年の一月場所に初土俵を踏んだ「爆羅騎　源氣（ばらき・げんき）」（本名の伊藤爆羅騎に由来）あたりかららしい。同年三月場所には「光源治　晴（ひかるげんじ・はる）」が改名して登場。その後も「桃智桜　五郎丸（ももちざくら・ごろうまる）」「宇瑠虎　太郎（うるとら・たろう）」など、続々とキラキラな四股名《しこな》がお目見えしている。

しかし、もっと驚いたのは、歴史をさかのぼって調べるとそれは今に始まったことではなく、明治時代には「文明　開化（ぶんめい・かいか）」「三毛猫　泣太郎（みけねこ・なきたろう）」「膃肭臍　市作（おっとせい・いちさく）」「猪シ　鍋吉（いのしし・なべきち）」「豆鉄砲　芳太郎（まめでっぽう・よしたろう）」「貫キ　透（つらぬき・とおる）」といった変わった四股名が存在していた。ウケ狙いの命名は、プロレスのリングネームだけではなかったのだ。

第二章　なぜ読みにくい命名をするのか

暴走万葉仮名の意味するところ

評論家の呉智英《くれともふさ》氏が、現在の「キラキラネーム」にあたる「画数が多く無理読みの漢字を使った名前」を、暴走族のグループ名に多い方式ということから「暴走万葉仮名」と呼び、「暴走万葉仮名の学生は偏差値が低い」という主旨のコラムを産経新聞に寄稿したのは、二〇〇七（平成十九）年のことだった。

まあ、娘にどんな名前をつけようと親の自由ではあるのだが、面白いことに気づいた。暴走万葉仮名の女子学生が多い大学は、あのー、偏差値がね、ちょっと、あれなのですね。難関の某国立医大の教授である友人にその話をすると、うん、うちの女子学生に暴走万葉仮名はまずないな、と言う。超高学歴者ばかりの某有名全国紙の女性記者（子がつく）に同じ話をすると、ああそう言われてみればと、同僚たちの名前を思い起こしてくれた。やはり暴走万葉仮名の女性記者はほとんどいませんね、と言う。

（「コラム・断――難読名と偏差値」産経新聞二〇〇七年九月一日付）

コラムはさらに、暴走万葉仮名の名前は「独自性・独創性（ホントに独自・独創かどうかはともかく）の追求の果ての『俺様（おれさま）化』である」と続き、三浦展《あつし》氏の「下流社会」論を引きながら、「暴走万葉仮名にもその（下流の指標の一つとしての／引用者注）『自分らしさ』が感じられてならない」と論じていた。

言いにくいことを歯に衣着せず書くのが氏の真骨頂だが、人格に密接に結びついている名前を批判するとあって配慮したのか、さすがのこの人も、「新聞では、多数派読者を敵に回したり、不快にさせるような話は書けない。それをあえて書きますから、該当する方は、これは自分のことではない、ほかの誰かのことだと思って読んでください」と前置きしていた。

しかし、それはまったくの杞憂だったようで、このコラムは顰蹙を買うどころか、逆に多数派読者から「よくぞ言った！」「同感！」の声が上がったものだ。この手の名前を内心苦々しく思っていた人はけっして少なくなかったのだ。

キラキラ親＝元ヤンというイメージ

漢字の使い方が「夜露死苦」に代表される暴走族のそれを連想させることもあって、たしかに、無理読みの漢字を使ったキラキラネームをつける親には、できちゃった婚をしたヤンキーっぽいカップルというようなイメージがある。

白状すると私自身、母親は金髪でド派手なギャル風ファッション、父親はタトゥーをしていて、誰にでもどこへ行ってもタメ口で、子供連れで深夜のファミレスでガヤガヤごはんを食べていたりする、みたいなステレオタイプな偏見を持っていた。

それが正しいかどうか、本当のところは定かではないのだけれど、これまで多くの人が〝きっとそうだ〟と信じて疑わなかったのが、こうした「キラキラ親＝元ヤンキー」説だった。今も固く信じている人がいるかもしれないが、しかし現在は、そんなイメージではとても説明がつかない事態と化している。

呉智英氏が名前を俎上に載せた学生は、逆算すると一九八〇年代生まれの人たちだ。その当時においては、従来とは異なる奇抜な名前を子供につけ始めたのは、あるいはそういうタイプの親だったのかもしれない。だがその後、事態は急速な進展を見せる。

リビジェンというITソリューション・アプリケーションの会社が全国の十代〜二十代（一九九〇年代〜二〇〇〇年代生まれ）を対象にオンラインで実施した調査（調査日二〇一三年七月三十日、有効回答数五〇〇）によれば、「学校内にキラキラネームだと思われる人がいたか」という問いに、「いた」と答えた人は四四・八％にも上っている。「いなかった」は三九・四％、「覚えていない」は一五・八％。

それがさらに二〇一二年生まれの子供たちの名前となると、前章で見たとおりである。今や、「子供の名前ランキング」の上位、すなわち全国でメジャーな名前にも、読み方がわからないキラキラネームがランクインしている時代なのである。むしろ難読名のほうがスタンダードになっているとさえ言っていい。

もはや単純に、「キラキラネーム＝元ヤンキーの非常識な親がつける名前」と決めつけることはできそうにない。

ためしに「某有名全国紙の女性記者」の代わりに、現代女性の憧れの職業の一つとされている女子アナの名前を調べてみたら、すでに現時点でも、テレビ局社員である若手女子アナの中に、「見梨（みり）」「未有（みゆう）」「有海（ゆうみ）」「志海（もとみ）」

「加朱紗（かずさ）」「憧れ（あこがれ）」――名前センスが旧式の私からすると、戸惑う名前がかなりあった。言うまでもないが、みなさん才色兼備の高学歴で、狭き門を突破した優秀なお嬢さんたちである。

現在の名づけの現場では、こうした今風の名前がさらに一般化し、もっともっとキラキラしている。本当に、「偏差値がね、ちょっと、あれなのですね」などとはとても言えない状況になっているのだ。

フツーの親たちの不可解な選択

しかし、そうとなるとよけい不可解に思えてくるのが、現代の子育て世代はどうしてわざわざキラキラネームをつけるのか、ということである。

「一部の人がやっていること」というのであれば、「あの人たちは常識がないから」「変わっているから」ですむ。キラキラネームに対する違和感も、「キラキラ親＝元ヤン」説で切り捨ててしまえば一件落着。日本社会が二極分化して生じた「下流社会」のマーキングと説明されれば、なんとなくわかった気になれた。

ところが、キラキラネームのほうがマジョリティと化した今は、キラキラネームをつけるのは、いわゆるバカップルでも元ヤンでもなく、フツーに社会生活を送っているフツーの人たちなのである。

そういうフツーの親がなんでまた、わざわざ読みにくい名前をつけるのか、その理由がどうにもよくわからないのである。

日本経済新聞の小林明編集委員は、「読みにくい名前が増えている背景」として、音や響きを重視し、当て字を使うという傾向に加えて、次の要因を挙げている。

①少子化に伴い、親が子どもの名前により強いこだわりや他人とは違う個性を持たせたいという風潮が強まっている。
②昔と異なり、祖父母や親類が名付けに関与しなくなっている。
③漫画、アニメ、テレビドラマ、有名人の名前などの影響をより強く受けている。
④国際的にも通用しやすい名前を付けようとしている。

（「コラム・裏読みWAVE」日本経済新聞電子版セクション二〇一二年一月二十日付）

また、日本の名づけ文化に詳しく、『名づけの世相史――「個性的な名前」をフィールドワーク』（風響社）という著書を持つ京都文教大学文化人類学科の小林康正《やすまさ》教授は、個性ある子に育ってほしいという個性化願望と、そんな気分にマッチする命名を技術的に可能にした『たまごクラブ』とその関連の「たまひよ」名づけ本（ベネッセコーポレーション）の存在を指摘する。

小林教授によれば、キラキラネームが増え始めたのは一九九〇年代半ば頃から。ちょうどその頃一九九三年十月に創刊した『たまごクラブ』では、新しいセンスで名前をつけるように積極的に提案し、個性的な名前を数多く紹介した。これが大人気となり、一気に広がる一つのきっかけになったという。

こうした意見は至極ごもっとも。どれも要因として、たしかにあると思う。だけど、なにかこう、しっくりこない感じがする。

〝世界に一つだけの花〟としてのわが子に、唯一無二の特別な名前をつけようとする親心は十分わかる。しかし、だからといって、なにもキラキラネームでなくてもいいではないか。

よく言われるように、名前は生まれてくる赤ちゃんへの親からの最初のプレゼントである。わざわざ、いじめられたり苦労したりするような名前を子供につけて、この子の人生を台無しにしてやろうなんて考える親はいやしないはずだ。それなのに、思いを込めた〝最初のプレゼント〟がなんでこれ？　と思ってしまうわけである。

世評なんて気にしない？

キラキラネームの急激なメジャー化をよそに、世間における評価は好転していない。相変わらず評判はすこぶるよろしくない。それどころか親への批判は鳴りやまず、いっそうヒートアップして、ネット上では、「このまま行ったら日本は大変なことになってしまう」という悲鳴にも似た声すら上がっている。

今の子供たちが大人になる頃には、キラキラした名前の人たちばかりになって、ある意味、支障はなくなるような気もするが、現段階としては、「キラキラネームだと採用に二の足を踏んでしまう」という企業の人事担当者の本音が報道されたりして、就職にまで悪影響を及ぼすとの指摘もある。

まあ名前だけでその人物の内実がわかるはずはなく、前出の女子アナたちの例もあるように、優秀な人材なら名前で就活が左右されることはないのかもしれない。ただ、「昨今の企業はリスク管理に神経を尖らしている。だから、そうした名前をつけるなんて親の程度が知れる、家庭環境がそれでは子供の程度も推して知るべし、と企業が懸念を抱いて採用を避ける傾向にある」という論調が、一定の説得力をもって流通しているのは間違いない。

詰まるところ、キラキラネームがマジョリティとなっている現在でも、世間が抱いているのは、いまだに暴走族ばりの素行不良、教養欠如のイメージなのである。

そんな芳しくない世評が耳に入らないはずはないのに、キラキラした名前をつける親が減るどころか、増えている。ここが解せない。

そもそも今の子育て世代は、世間からの冷ややかな視線や非難など歯牙にもかけないほどに、一般社会に刃向うファイターたちなのか？　かえってその逆で、彼らは空気を気にする人たちではなかったか。周りとのバランスや、自分の立ち位置を気にするこの世代にとって、「空気を読む」ということは最重要事項のはずである。

なかには、その「空気」を読む場は、同じような価値観を持つ仲間内だけを指し、そこで「オンリーワンのかわいい名前」だと認められればいい、それ以外の人（世間）に批判がましいことを言われると「ムカつく」という人もいるだろう。だが、子育て世代の大半がそういう意識の人々だというのは考えにくいし、彼らが世間の評価という空気を無視できるほどタフな神経をしているとも思えない。

それなのになぜ、今どきの親たちは世評に耳を塞いでいるかのように、こぞってキラキラネームをつけるのか――。私はそこに、世相や流行、個性化願望といったキーワードだけでは解釈できない〝なにか〟があるような気がしてならなかった。

違和感の正体

いくら「たまひよ」名づけ本や命名サイトが個性的で目新しい命名術を提供するようになったといっても、それに違和感を覚える人たちはそうした名づけはしない。実際、今でも普通に読みやすい名前をつける人たちだっている。しかしキラキラネームがマジョリティになっているということは、裏を返せば、現代の子育て世代の大勢がそこに違和感を抱いていないことを意味している。

フリガナなしでは読めない名前を前にして困惑する私たちの違和感は、いったいどこから来るのだろう。それを考えていくと、「奔放な当て字のために他人が読めない名前＝キラキラネーム」の自分本位の当て字感覚に、これまでの漢字使用の常識がなおざりにされている、もっと言うと、日本語というものがないがしろにされているという印象を強く受けるからではないか、と思い当たる。

子育て世代の大半が「セーフ」と感じている当て字を、上の世代の人々や同世代でも一定数は「アウト」と感じる。先に述べたキラキラネーム流行の向こう側にある〝なにか〟とは、こうした日本語に対する意識にかかわることではなかろうか。

キラキラネームにおいては、いったいどんな漢字使用がなされているのだろう。具体的にどのような当て字がほどこされているのだろうか。

前章で取り上げた名前をサンプルにして調べてみると、興味深いことに、自分勝手な解釈で漢字にテキトーな読みを当てているかに見える当て字にも、それなりにパターンがあることがわかった。

キラキラネームの無理な漢字遣いは、いくつかの方式に分類することができる。いわば、キラキラネームの〝方程式〟というべきものがあるのだ。

キラキラネームの〝方程式〟

そもそもキラキラネームというのは、第一章でも述べたように音の響きにこだわるあまり、音と漢字を強引に組み合わせてしまうことによって、漢字の読み方が常識とは異なるものになっている。

名前の音の響きにこだわるだけなら、そのままひらがなで書くという選択肢もあるが、たいていの場合、その音に合う漢字を当てはめる。

漢字は表意文字だから、音を表しているだけでなく、文字そのものが意味を持っている。同じ音の名前でも、どんな漢字を使うかで印象がまったく違ったものになる。親としては当然、漢字もおろそかにしたくない、子供の幸せな未来への祈りを込めた漢字を使いたい、と切に願う。音の響きにこだわりつつ、なおかつ願いを託した漢字——つまり漢字の表音・表意ともによし、という名前を親はつけようとする。

そこでそんな親心を満たすために編み出されたナイスな方法論。それがキラキラネームの〝方程式〟なのである。

当て字の仕方についてすでに説明したものもあるが、ここで改めてこれまでに出てきた名前を例にしながら、キラキラネームの〝方程式〟をまとめていこう。

①漢字の訓読みの一部を切り取る

ナイスな方法論の中でも最もよく見られるのが、もともとの漢字の読みから都合のいい音だけを借用する方式である。

たとえば「心《こころ》」を「ここ」や「こ」、「愛《あい》」を「あ」などと読ませてしまう。そうすれば、「ゆあ」という響きにしたいし、「愛」という漢字も使いたいなどという無茶な望みも、「結う」の「ゆ」＋「愛」の「あ」＝「結愛（ゆあ）」という具合に叶えることができる。「心愛（ここ＋あ）」しかり。「心春（こ＋はる）」や、男の子の「大翔（ひろ＋と）」も、同じ〝方程式〟による。ただし、「愛（アイ）」は音読みなので、正確には「結愛」「心愛」は次項で説明する手法との合わせ技である。

①の方式は、たとえば「修巳（おさ＋み）」とか「直樹（なお＋き）」など、従来からよく使われてきたが、たいてい「修める」の「おさ」、「直す」の「なお」というように送り仮名を省く場合がほとんどだから、誰でもすぐにピンとくる。

ところがキラキラネームでは、「大輝（だい＋や）」のように、「輝」の本来の訓である「かがや・く」から、三番目の一音「や」だけをとってしまうところがあまりにも斬新。いきなり「輝＝や」なんて、普通は思いつかない。

杉浦太陽＆辻希美夫妻がつけた「希空（のあ）」「青空（せいあ）」の「空」も、おそらく「空く（あ・く）」の送り仮名を省いて「空＝あ」と読ませているのだと思う。

②漢字の音読みの一部を切り取る

前項とともに、多用されている方式。「名前ランキング」女児九位の「美桜（みお）」や、秋田・女児名の「梨桜音（りおね）」「莉桜（りお）」は、「桜」の音読み「オウ」の頭文字である「オ」を採用している。

これも、「有」の音読みの「ユウ」から「ユ」をとって「有美子（ゆみこ）」とするなど、昔からある手法ではある。

秋田・女児名の「芳佳（ほのか）」は、「芳《かんば》しく佳《よ》い匂いがほのかに香る」というイメージの連想ゲーム的な名前かと当初は思ったのだが、あとから、「芳」の音読みが「ホウ」だから、その頭文字の「ホ」をとったに違いないと気づいた。そこから「ホ（の）カ」→「ほのか」としたのではなかろうか。とすると、漢字表記と音とイメージという三位一体で構成する高等テクを使っているとも考えられる。

③難しい読みを用いる

「名前ランキング」の堂々の男児二位に選ばれた「颯太（そうた）」。「颯」は「颯爽《さっそう》」

の「サツ」と音読することがほとんどなので、「爽」の「ソウ」と取り違えたのではないかと推察しキラキラネームに分類したが、漢和辞典に、漢音で「ソウ」と読むと載っていた。失礼しました！　しかし、どのくらいの人がすんなり読めるのだろう。

私が無知なだけかもしれないが、漢字の使い方が物知りすぎて、私のような浅学の人からは、逆に命名者のほうがものを知らないと誤解されそうな危うい手法ともいえるので、あえて〝方程式〟の一つとして分類することとした。

秋田・女児名「栞來（かんな）」は、漢字もきれいだし音もよく、読み方を知ったあとではステキな名前だと思うのだが、いかんせん難しすぎて読めなかった。「栞」の訓読みは「しおり」。これはわかるが、音読みでは「カン」と読むのだ。知らなかった。

④珍しい名乗りを用いる

前項の「栞來（かんな）」の「來」は「来」の旧字体。「倖田來未（こうだ・くみ）」の名前に使われているのと同じ字である。彼女のように「來（く）」なら読めるが、「栞來」では「な」と読ませている。じつは、これは「名乗り」と呼ばれる読み方で、人の名前に使われる字訓として、いちおう辞書に載っている。

しかし、珍しい名乗りを引っ張り出してきて用いると、レアな知識すぎて、一般人には理解してもらえない。この名乗りの問題は、日本語の体系とも深く関連するテーマなので、改めて次章で詳述したい。

⑤置き字を用いる

漢文を訓読するとき、原文にはあっても慣習的に読まない文字がある。この文字を「置き字」といい、音として読む文字ではなく、接続を表したり強調を表現したりする〝記号〟として解釈する。そんな置き字を大胆にも名前に用いる方式である。

二六ページで「碧」の文字が名前の音には反映されていないと説明した「羚碧（れい）」をはじめ、秋田・男児名「悠宇（ゆう）」や、秋田・女児名「結夢（ゆめ）」も、このパターンだ。「悠宇」は「宇」、「結夢」は「結」が置き字になっている。

ただ、この「宇」と「結」については、単なる置き字ではないと私は踏んでいる。前者は「宇宙のように悠《はるか》」な雰囲気を、後者は「夢を結ぶ」というイメージを下支えしていると思われ、音と意味の両面を強調する〝スーパー置き字〟ではないかと思う。

「名前ランキング」男児九位「蒼空（そら）」の「蒼」も置き字だ。音は主張していないものの、「あおい」という意味を加える働きを期待して用いているのだろう。

⑥漢字のイメージ（意味）で読む

前出の「颯太」は、「そうた」以外に「はやた」と読ませる場合もある。これは、漢字の持つ「はやて」という意味から「颯」を「はや」と読んだもので、このように漢字のイメージ（意味）から読んで造語するのも、〝方程式〟の一つだ。

秋田・男児名の「陽太（ひなた）」と女児名の「陽葵（ひなた）」はともに、「陽」に「ひなた」という意味があることを利用した命名だろう。

「太陽」の前後をひっくり返して「陽太」としたのもアイデアだが、「陽葵」のほうは、「ひまわり」を漢字で「向日葵」と書くことから、その「葵」をもってきて、よりいっそう「ひなた」のイメージを演出していると思われる。ものすごい連想力だ。

一一ページの「希星（きらら）」や、二四ページ読み方テストの「楽汰（るんた）」「心（ぴゅあ）」も、イメージからくる読みといえる。

⑦熟字訓を分解して用いる

熟字訓とは、「田舎（いなか）」や「五月雨（さみだれ）」のように、漢字の一字単位ではなく二字以上の熟語に訓読みを当てたもの。これ自体当て字なので、たとえば「海苔（のり）」を「海」と「苔」に分解し、「海（の）」「苔（り）」と音を割り当てるのは、本来は不可能だ。が、それを強引にやってしまうのが、この方式である。

前章で説明したように、秋田・男児名「奏和（かなと）」が、「大和（やまと）」を分解するという大技に挑んでいる。

⑧オリジナルの熟字訓を創作する

「美男」と書いて「イケメン」と読んだり、「本気」を「マジ」と読むなど、日常生活ではさまざまな今風の熟字訓が造語されているが、それを名前でやらかすもの。

同じ読み方テストにあった「愛夜姫（あげは）」「空翔（あとむ）」は、その代表作といえるだろう。「紗冬（しゅがあ）」は前にも書いたように、「紗（さ）＋冬（とう）」→「砂糖」→「シュガー」というホップ・ステップ・ジャンプの連想で造形されている。どれも造語としてはクリエイティブな秀作だとは思うが……。

⑨外国語読みにする

一一ページで紹介した「王冠（てぃあら）」や二四ページの「手真似（さいん）」は、漢字をその意味に対応する外国語で読ませる手法である。一一ページの「今鹿（なうしか）」は、「鹿」はノーマルな訓読みだが、「今」を英語読みで「ナウ」としている。

これまでには出てこなかったが、「海」を「マリン」、「空」を「スカイ」と英語読みにするケースもよくある。「月」を英語の「ムーン」ではなく、ローマ神話の月の女神の名前に由来した「ルナ」と読む「月（るな）」も人気の名前だ。こちらはラテン語である。秋田・女児のリストにこの名が見える。

⑩外国語の音に漢字を当てはめる

二七ページの「芯次威（しんでぃー）」は、外国人名の音に万葉仮名風に漢字を当てはめたものだ。それにしても、「芯次威（しん＋で＋ぃ）」の「芯（しん）」はいいとして、「次」がどうして「で」なのか、「威」は「い」をどうしたら「ぃ」と小文字にできるのか、悩んでしまう。もしかしたら「次」は、「次《つ》いで」の「で」ではないかとも思ったが、「ぃ」のほうはもう途方に暮れてしまう。

一一ページの「澄海（すかい）」は、「澄む（す - む）」の送り仮名を省いた「す」＋「海」の音読み「カイ」＝「すかい」。用字の意図はすぐにわかったので、さほど無理読みではないともいえるが、漢字は「澄んだ海」なのに、読みは「スカイ（＝空）」。一つの名前で海空両方を制覇しているとは、なんとアクロバティックなのだろう。

以上、キラキラネームの無理な漢字遣いは、おおよそこの十方式に分類できる。それぞれの名前の当て字の解釈は、あくまで私の個人的な見立てである。命名者の意図したところとは違っていて、まったくの見当違いというものもあるに違いない。それでもともかく、キラキラネームにおける当て字の変則的な音訓について、だいたいの傾向がおわかりいただけたのではなかろうか。

その当て字はセーフかアウトか？

さて、みなさんは①から⑩までの分類のうち、どの〝方程式〟による当て字を「セーフ」と感じ、どれを「アウト」と感じるだろうか。

「①漢字の訓読みの一部を切り取る」と「②漢字の音読みの一部を切り取る」について

は、項目説明で書いたように、じつはこれまでの名づけでも行われてきたと言えなくもない。だが、そうは言っても、「心」を「ここ」とか「こ」などと読むなんて、誰が想像するだろうか。そんな読みをするとは思いもしないから読めない。キラキラネームに眉をひそめる人は、だから「アウト」と判定することだろう。

一方、「二〇一二年生まれの子供の名前ランキング」上位に「心春（こはる）」や「心愛（ここあ）」などがランクインしていることを考えると、子育て世代には「セーフ」と感じる人たちが多いはずだ。キラキラネームのほうがマジョリティと化した今、相当数がこの手法には違和感を覚えていないのではないだろうか。

ただ、そんな子育て世代でも、①や②はいいけれど、さすがに「⑧オリジナルの熟字訓を創作する」はマズイだろうと思ったり、「⑨外国語読みにする」はイタくて恥ずかしいと感じて、「アウト」にする人もいることだろう。

こうした感じ方は、世代によっても、環境によっても、人によっても、じつにさまざまだ。そして、各人のこの「セーフ」「アウト」の境界線の設定の仕方が、そのままキラキラネームの捉え方につながっていくと考えられる。

揺らぐ判定基準

しかし、話はこれだけでは終わらない。〝本来は「アウト」なのに、自分勝手な当て字を「セーフ」と設定してしまう人がいる。それでは読めない名前になってしまう。まったく困ったものだ〟と終われるほど、事は簡単ではない。じつは厄介なことに、この境界線がそれほど確固としたものではないのだ。

というのは、初めのうちは〝なんてひどい当て字をするんだ〟と思っていても、見慣れてくると、だんだん読めるようになってくる。と同時に、それに比例するかのように、ある種のキラキラネームへの違和感が不思議と薄れていくのである。

私も、最初はキラキラネームというものにただただ驚き、茫然とするばかりだった。それなのに分類し終わってみると、①と②の中にはセーフのケースもあるかと思ってみたり、「③難しい読みを用いる」と「④珍しい名乗りを用いる」をキラキラネームに入れたのは気の毒だったかもと逡巡したり、「⑤置き字を用いる」も許してもいいか、などという気持ちになったりもしている。

さらには、たとえば「友愛」という名前を見せられたら、通常の熟語風に「ゆうあい」と読むのではなく、「ゆあ」ちゃんと読むのだろうな、などと思いのほかスムーズに類推できるようになってきた。

こんなときに使うのも変だが「習うより慣れろ」で、見慣れてくると読み方の予想がつくようになり、知らず知らずのうちにキラキラネームに対する「アウト」「セーフ」の判定もいい加減になっていくのである。

みなさんも、人気子役の芦田愛菜（まな）ちゃん、谷花音（かのん）ちゃん、本田望結（みゆ）ちゃんや、パラリンピック陸上の佐藤真海（まみ）選手の名前などを最初に見たときは、読み方がわかりにくいと感じたかもしれないが、すぐに慣れ、今ではなんの違和感もなく受け入れているはずだ。

キラキラネーム急増の現場にいる保育園や幼稚園の先生たちも、「入園時にフリガナを振ってもらうし、たくさん見ていれば読めるようになる」と話しており、すでに読みのノウハウを身につけて、キラキラネームに対して抵抗感がなくなっている模様である。

ことほどさように、キラキラネームかどうかの境界線は、いとも簡単に揺らいでしまうものなのだ。

名づけの迷い道

それは、名づけをする親たちにおいても同じこと。キラキラネームに慣れ、そこそこ読みこなせるようになってきた目で子供の名前を考えていくと、使用する漢字が読みにくいかどうかの判断基準がなんだかよくわからなくなってくる。言い換えると、名づけにおけるアウトの境界線がどんどん後退して、よほどのレベルでない限りキラキラネームだと感じなくなっていくのである。

実際、ネットの口コミサイトや名づけ掲示板などには、「〇〇という名前をつけようと思うのですが、どう思いますか？」と意見を求めたりする書き込みが数多く見られる。

ある掲示板に、こんな書き込みがあった。

「キラキラネームは嫌ですが、少し変わった、でも変じゃない名前をプレゼントしてあげたいと思っています。それで、『結愛』で『ゆい』と名づけたいのですが、みなさんはどう思われますか？　私の感覚が麻痺しているのではないか非常に不安です」

これには、否定的な意見が殺到。

「読めません。せいぜい『ゆあ』か『ゆうあ』では？」

「漢字一字ずつはいい字だと思いますが、愛を結ぶってセックスを連想させませんか？」

「辛口ですが、はっきり言ってそれってキラキラネームでしょ」

二〇一二年生まれの子供の「読み方ランキング」部門では、「ゆい」はランキング一位になっているほど人気がある響きである。「ゆい」という音にはしたいけれど、ほかの人とカブってしまいそう。そこで、あれこれと工夫した挙句、「②漢字の音読みの一部を切り取る」方式で、「愛（アイ）」から都合のいい音を取り出すことにした。その際、フツーは「ア」のほうを採用するのだが、そこはあえて「イ」のほうを使って、「結愛（ゆい）」という解を導き出したのだろう。

それをこの人は「少し変わった、でも変じゃない」ステキな名前と考えたのだろうが、その一方で、キラキラネームかどうかの境界線が揺らぎ、なにがなんだかわからなくなってしまった。だから、先のような書き込みをしたに違いない。

音はかわいい響きにしたい。漢字の意味も大切にしたい。漢字の画数も吉数にしなくちゃ。それでいて、少し変わった、でも変じゃない、個性的でステキな名前をプレゼントしたい——子供の幸せを願う親の心というものは果てしがない。そうして、思いをてんこ盛りにした末に候補に選んだのが、「結愛（ゆい）」ちゃんだった。けっして「他人が読めなくてもかまわない」と選んだ名前ではないのである。

多数派の「疑似キラキラネーム」

新米ママさんたちの名づけの体験談を集めてみると、なかには、わが子に絶対ほかにはないオンリーワンの個性的な名前をつける、ということを至上命題としているキラキラ親もいる。

この場合は、「他人は読めなくてもかまわない」と思っているどころか、「人に読まれたら、負け」。名前を見せられて読めなかった友人が、フォローするつもりで「珍名とかDQNとか、全然そんなことないよ。流行りのいい名前だよ」と言ったら、ブチギレされたという。「ウチの子が通っている幼稚園に、同じ漢字で同じ読みの子がいるよ」などというリアクションをした日には、地雷を踏んで大爆発必至である。

こうした人たちの「真性キラキラネーム」には、本章冒頭の呉智英説の「俺様化」を彷彿させるメンタリティが感じられる。

しかし、他人からキラキラネームと判定されてしまう名前の大半は、そんなつもりはなかったのに、むしろ、キラキラネームにはしたくないと思っていたのに、結果的に読みにくい名前になってしまったというケースなのだ。

ただし、この「読みにくい」というのは第三者の感じ方であって、親御さんはステキな名づけができたと納得している。キラキラネームだとはつゆほども思っていない。それが証拠に、これから名づけをする人へのアドバイスとして、「いわゆるキラキラネームはやめたほうがいいですね」とか、「ほんとに当て字で読めない名前だとキラキラネームと言われてしまうけど、ウチの子の名前くらいならギリギリ大丈夫だと思いますよ」などと語っていたりする。

そういう方たちの名づけた名前は、たしかに私から見ても、愛情を込めて考えに考えて名づけたのであろうことは伝わってくる。読み方がわかってみると違和感が薄れていくタイプの、今風のかわいい名前である。

だが、やっぱりこれまでの〝常識〟からしたら珍しく感じられて、フリガナなしでは読むことは難しいと感じる人が多いのは事実だろう。

どうやら今、急増して世に溢れている難読名の大部分は、こうした「疑似キラキラネーム」のようなのである。

名づけの漢字の〝常識〟とは？

本章の前半で、「現代の子育て世代はどうしてわざわざキラキラネームをつけるのか」と設問した。しかし、彼らは「わざわざ」キラキラネームをめざして命名したわけではなかった。読みにくい名前をつけたかったわけではなく、意図せずたどり着いてしまった結果だったのだ。

事実、「ｇｏｏランキング」が「考え方が古いかもしれないけれど絶対に譲れない私のこだわりランキング」というテーマで調査したところ、一位は、「わが子にキラキラネームをつけない」だった（ｇｏｏニュース・二〇一二年五月十九日）。

珍妙な難読ネームはたしかに増えているが、一方では、「わが子にキラキラネームをつけない」と考えている人も多い。

ただ困ったことに、キラキラネームにならない〝常識〟のラインの引き方が、どうにもこうにもわかりにくいのである。

私は前章でキラキラネームの基本形を「これまでの常識とは異なる漢字の読み方をしたり、これまでの日本語の名前にはなかった音の響きをもっていたりする難読の名前」と定義した。ところが、じつを言うと、この「常識とは異なる読み方」とか、「難読」

というのが曲者なのである。

たしかに、「常識とは異なる読み方」だと「難読」の名前となってしまい、すんなりと読むことができない。しかし、一口に常識といっても、常識は人によって異なる。時代によっても変化する。ある読み方が難読かどうか、常識の範囲内か否か、その線引きをするのは思いのほか難しいのだ。

ＤＱＮネームサイトでは、これを「妊娠中・出産直後の脳内は妙にドリーミングになっている」ための悪症状としているが、キラキラネームに対する感覚の麻痺は、ただ単に新米ママがマタニティ・ハイ状態になっているせいではない。それは彼女たちのみならず、名前と漢字をめぐって私たちの誰もが体験する困惑なのである。

☆ キラキラ人、わが大学に集まれ!?

「コンシェルジュ」「ファンド」「コラボ」といったカタカナ言葉を番組で多用しすぎだと、公共放送のＮＨＫが七十代男性に訴えられる時代である（訴えは棄却された）。時流に乗って、大学の学部名にもカタカナ名が増えている。

駒澤大学の「グローバル・メディア・スタディーズ学部」や、明海大学の「ホスピタリティ・ツーリズム学部」あたりは、かろうじて何を勉強する学部なのかは想像がつくが、桜美林大学の「リベラルアーツ学群」、宇都宮共和大学の「シティライフ学部」、甲南大学の「マネジメント創造学部」になると、学部の性格がさっぱりわからない。

だが、それらはかわいいものだった。鈴峯女子短期大学の言語文化情報学科には、なんと「日本語日本文化(^^)コース」というものがある。まさか顔文字まで使われていようとは……。大学の公式サイトには、あなたの「日常(^^)」が「学問（日本語日本文化）」と出会う、と謳われている。「たくさんの言葉を並べて説明するよりも、(^^)という文字が、私たちのコースの新しさと楽しさを伝えてくれる、そう信じて思いを文字に託しました」というが、伝わりました？　ある意味、日本語表記の懐の深さを伝える役割は果たしてくれているかもしれない。が、そもそもなんと読めばいいのだろう（二〇一四年度四月の同学科改組に伴って、このコースは閉鎖された）。

第三章　無理読みは伝統だった

懐の深い日本語

外来語の「ココア」を英語で表すとしたら、チョコレート色のおいしい飲み物を指す「ｃｏｃｏａ」、発音は「ｋóｕｋｏｕ」。この一通りしかありえない。ところが日本語においては、カタカナはもちろん、ひらがなで「ここあ」と書くこともできる。ローマ字表記なら「ｋｏｋｏａ」となる。すでに見てきたように、「心愛」と書く名前だって可能だ。

さらに『たまひよ赤ちゃんのしあわせ名前事典　２０１３〜２０１４年版』では、「ここあ」ちゃんとして「心亜」「心杏」「心彩」「心葵」「心温」「心暖」「瑚々杏」が挙がっている。もうなんでもあり。華々しいものである。

こうしたキラキラネームを作り出せる〝方程式〟が、前章で述べたように十通りも成り立つこと自体、驚くべきことだ。

考えてみれば日本語には、こう書かなければならないという厳密な決まりがない。私たちは漢字、ひらがな、カタカナ、果てはアルファベットも自在に組み込んで文章を綴っている。この「自在に」という部分に、英訳のカタカナ表記のルビを振って「自在に《フレキシブル》」とすることもできる。

それだけではない。「いい加減」という言葉が出てきたとき、絶妙なよい調整具合なのか、ちゃらんぽらんで呆れたありさまなのか、私たちは前後の文脈で判断している。プラスとマイナスという、まったく逆の意味合いで「いい加減」と使われているのに、たいした不便も感じることなく文意を理解できる。ことほどさように日本語とは、恐ろしいほどに融通無碍で、大胆かつ柔軟な造語能力を有する言語なのだ。

名乗りという無理読み

古代、自前の文字を持っていなかった日本人は、自分たちの話している言葉「やまとことば」を書くために異国（中国）の文字「漢字」を導入した。その際、もともとの音《おん》に基づいて読むだけでなく、漢字の持つ意味に応じて固有語であるやまとことばを当てはめて漢字を読んだ。中国語に由来する読み方が音読み、日本においてあとから意味で当てたのが訓読みである。

たとえば「生」。この字は音読みでは「ショウ／セイ」と読むが、訓読みには「い‐かす／い‐きる／い‐ける／う‐まれる／う‐む／お‐う／き／なま／は‐える／は‐やす」といった読み方がある。漢字の導入後、「生」という字は「生《は》える」という意味に相当するほかに、「生《い》きる」にも使える、「生《なま》」にも使える、などと柔軟に解釈された。それによって、いくつもの多義的な訓読みが生《う》まれることになったわけだ。言ってみれば、訓読みからして、当て読みの結果なのである。

これだけでも相当ややこしいのに、漢字の読み方は音訓だけではない。これらとは別に、「名乗り」という読み方があるのだ。

名乗りとは、前章で述べたように、人の名前に限って慣習的に使われてきた読み方のこと。「生」の名乗りでいうと、「あり／い／いき／いく／いける／う／うまる／お／おき／き／すすむ／たか／なり／なる／のう／のり／ふ／ぶ／ふゆ／み／よ」と、『漢字源』にはある。

こんなふうに漢和辞典に載っているというと、それが〝正しい読み〟だと保証されたように思われるかもしれないが、必ずしもそういうわけではない。

だいたい漢字を国語化していく過程では、読みはまだまだ不確定。その漢字の持つ意味から連想して〝こう読むのもかまわないだろう〟といった具合に、実験的にさまざまな訓読みが試みられた。そんな中には〝いやあ、それはちょっと無理があるんじゃないか?〟というものもあり、その多くは次第に一般的な訓読みとしては用いられなくなっていった。だが、大勢のコンセンサスを得るまでには至らなかったけれども、名前にだけは使われて残った読み方もある。それが名乗りである。

名前での使用頻度の高いものばかりではなく、レアケースの読み方もある。極端なことをいってしまうと、名乗りではどんな読みも許される。だから漢和辞典によって、その掲載基準も曖昧で、それぞれ収録している名乗りも異なる。

これまでキラキラネームは、本来の漢字の音訓ではない読み方をしたり、もともとの漢字の読みから都合のいい音だけを利用したりすると説明してきたが、歴史をたどってみれば、そもそも、「本来の読み」も揺れ動いていたのだし、辞書に残る名乗りにも「本来の音訓」からかなり外れた読みがあった。

名乗りに使われてきた読み方は、いわば無理読みの所産。名乗りというとなんだか由緒正しく聞こえるが、現代のキラキラネームと大差ない読み方といえるものなのだ。

「美香」が変則読みで「はるか」に

昭和によく見かけた女の子の名前「絵美」や「美子」は、誰でも「えみ」「よしこ(みこ)」と読めるだろう。ちっとも難読名前ではないが、じつは、「美」を「み」「よし」と読むのも名乗りである。

『漢字源』の「美」の名乗りには、「うま/うまし/きよし/とみ/はし/はる/ふみ/み/みつ/よ/よし」が挙げられている。その中でも「み」「よし」には歴史的な蓄積があり、実際に名前によく使われてきたことですっかり市民権を得ている。元祖無理読みといえども、これならオーソドックスで安定感がある。

ところが、名乗りには歴史的な裏づけがあるといっても、「み」「よし」のように安心できる読みばかりとは限らない。

同じ「美」の名乗りでも、「はる」という読みはなかなかお目にかからないレアケースだ。いくら漢和辞典に載っていても、そんな読みを用いて、「美香」という名前を「はるか」と他人に読んでもらうのは難しいだろう。

キラキラネームの〝方程式〟の一つに「珍しい名乗りを用いる」を挙げたように、普通の人が知らないような、あまり一般的ではない読み方を採用するのは、名乗りといえども、やはり解読不能なキラキラネームのもととなってしまう。

第一章の「名前ランキング」女児同率九位の「心咲（みさき）」にしても、一見、今どきのキラキラネームの典型のように見えるが、じつは「心」を「み」と読むのは、名乗りとして辞書に載っている。秋田の広報誌にあった男児名「暖太（はるた）」の「暖（はる）」、女児名「望花（みか）」の「望（み）」、「萌生（めい）」の「萌（め）」も、同様に名乗りとして辞書に収録されている。

さらに、秋田・女児名「心愛（ここな）」の「愛」を「な」と読むのも、名乗りからきている。これには、気づくまでにずいぶん悩まされたが、そういえば大正天皇の生母のお名前は「柳原愛子」さんで、「なるこ」さんとお読みするのではなかったかと思い出し、調べたところ、案の定、「愛」の名乗りに「なる」があった。

おそらく「心愛（ここな）」は、「心《こころ》」の訓読みの一部をとって「ここ」と読み、「愛」の名乗りの「なる」のほうも、最初の一文字をとって「な」と読んだに違いない。難読の上にさらにもう一段高度な技を重ねた、難読の二乗だ。これに比べたら、「心愛」で

「ここあ」という読みさえ、なんだかフツーに思えてくる。とりあえず歴史的な過去データによって前例があるとされている名乗りですら、この調子なのである。

名づけの漢字と読み

日本語の読みの変幻自在ぶりをこうして述べてくると、ふと疑問に思う人もいるのではないだろうか。子供時代、学校では漢字の音訓を問う試験があった。読みがこれほど自由なら、あれはいったいなんだったのか、と。

たしかに漢字の試験では有無を言わせぬ正解があり、それ以外はバッサリ「×」とされる。じつはこれは、「当用漢字・常用漢字」の世界でのことである。

なにしろこの世に漢字は膨大に存在する。中国から日本に伝わっていない漢字や、逆に和製漢字もあるため、中国と日本では数が異なるが、ともにおおよそ五万字の漢字があるといわれている。一九九四年に中国で出版された漢字の字典『中華字海』には、なんと八万五〇〇〇字を超える漢字が収録されているそうだ。

私たちの前には、はるかな漢字の大海原が広がっており、その一文字一文字に多様な音訓の読みがあった。昔はある意味自由に、幅のある読み書きをしていた。しかしそれでは収拾がつかないという意見があったのに加えて、第二次世界大戦後に連合国軍最高司令官総司令部（ＧＨＱ）の占領政策もあり、使用できる漢字の数は制限されてしまう。

いちおう目安にすぎないとされているものの、現在学校で習うのは「常用漢字表」に示されている漢字にとどまっている。多義的で豊かな音訓も常用漢字表では整理され、一定の読みに定められている。これが学校の試験に出されるわけだ。二〇一〇（平成二十二）年に改定された常用漢字表には、日常で書き表すために必要なものとして選ばれた二一三六字／四三八八音訓（二三五二音・二〇三六訓）が収録されている。

名前に使える漢字については、戸籍法で定められている。現在名づけには、常用漢字二一三六字＋人名用漢字八六一字＝計二九九七字の漢字が使用可能とされている。ただし、ここがポイントなのだが、名乗りの伝統を踏まえたのか、その漢字をどう読むかは制限されていない。戸籍の氏名欄は漢字のみの記載で、読み方は記載されないのだ（出生届には新生児の名前の読み方を記入する欄があるが、その読み方は戸籍には記載されない）。漢字の使用をうるさくいうわりには、なんと読み方は自由なのだ。

こうした事情もあいまって、個性ある名前をつけようとすると、どうしても読み方で勝負！　ということになる。そのおかげで、キラキラネームのような奇抜な読み方の名前が続々登場してくるわけである。

神様、読めません!

最近のキラキラネームには、こうした日本語の〝いい加減さ〟(プラス・マイナス両面の意味で)が大いに影響している。いや、正確には、「最近の」などという限定的なものではない。遊び上手な日本語ゆえに、日本における名乗りの大胆さはなにも今に始まったことではなかった。

歴史を眺めてみると、あるわあるわ、読めない名前のオンパレード。歴史上には難読人名の持ち主たちが目白押しである。

たとえば日本神話に出てくる神様や初期の時代の天皇の名前は、難読度が非常に高い。専門家や古代史ファン、あるいは神道に詳しい人でなければ、読めないに違いない。

神話上の主役級の人物といえば、「神武天皇」がまず頭に浮かぶ。さすがに「神武天皇」の名はよく知られているから、難なく「じんむてんのう」と読める。が、じつはこの方、『古事記』では「神倭伊波礼毘古命(かむやまといわれびこのみこと)」と称され、『日本書紀』では「神日本磐余彦尊(かむやまといわれびこのみこと)」「始馭天下之天皇（はつくにしらすすめらみこと）」「若御毛沼命（わかみけぬのみこと）」「狭野尊（さののみこと）」などとも称されている。ああ、一般人にはとても読めない……。

さらに、神武天皇と結婚した「富登多多良伊須須岐比売命（ほとたたらいすすきひめのみこと）」（『古事記』の表記）も、ほとんどの人が読めないだろう。この名前にまつわる興味深いエピソードがある。勘のいい人はピンときたかもしれないが、名前に女性の陰部を意味する「ほと」という言葉が入っている。皇后はこれを嫌って改名。「比売多多良伊須気余理比売（ひめたたらいすけよりひめ）」になったという故事が『古事記』に残されている。こんな神代の昔から困ったキラキラネームがあったとは、いやはや恐るべし。

「明子」は「あきこ」ではない

神様の名前はちょっとマニアック過ぎたかもしれない。では、美貌並ぶ者なしと謳われた佳人の名前はどうだろうか。

「藤原明子」――平安時代前期の第五十五代天皇である文徳《もんとく》天皇の女御《にょうご》であった人で、「染殿后《そめどののきさき》」とも呼ばれた。さて、この人の名前はなんと読む？

日本史で勉強したという記憶がない限り、たいていは「ふじわらあきこ」と答えるに違いない。しかし、正しい読み方は、「ふじわらのあきらけいこ」である。

同時代でさえ名前の読み方は難しくてわからないのだから、歴史的人物の場合は、歴史的資料に残った漢字表記だけではどう読むのかわからないことが多い。そのため平安時代の女性名は、便宜的に音読みするのが一般的になっている。紫式部が仕えた「藤原彰子」は「ショウシ」、清少納言が仕えた「藤原定子」は「テイシ」という読み方を聞いたことがある人も多いだろう。

この「明子」も、以前は音読で「メイシ」とされていた。ところが近年、読み方を記した文献が発見され、現在では「あきらけいこ」と読まれるようになっている。

なお、この藤原明子の息子、清和《せいわ》天皇の妃になった「藤原高子」の読みも、「ふじわらのたかいこ」。義理の娘も、これまた変則読みの名前だった。

歴史上の人物たちの大胆な名乗り

一般に名乗りというのは、漢字が持つ多様な意味に沿って読みを決めているから、連想ゲームのように、そのつながりはだいたい想像がつくものだ。

八三ページで「美」の名乗りを「うま／うまし／きよし／とみ／はし／はる／ふみ／み／みつ／よ／よし」と列記したが、これも、「うつくしい」という意味から「よい、ほめる」の意味が連想されて「よ（し）」と用いられたり、満ち足りていて美しい、すばらしいと賛美する気持ちを表す「うま（し）」や、純粋で美しいという意味の「きよし」と読むようにもなったりしたと推察することができる。

ところが、歴史上の有名人たちの中には、なにかしら理屈はあるのだろうが、あまりにもぶっ飛んだ名乗りを断行しているため、どこからどう発想したのか見当がつかないケースがままある。

たとえば大伴家持《おおとものやかもち》の「家（やか）」や、源頼朝《みなもとのよりとも》の「朝（とも）」。これも名乗りとしての読みである。この人たちの名前は知っているから読めるものの、改めて考え出すと、その由来が判然としない。どうも私の目には、はたから無理があるのではと思われようが、どこ吹く風の〝読んだ者勝ち〟に見える。（成人後の名前とはいえ、本人がつけたとは限らないが）威光を誇るかのような、それこそ強引な無理読みである。

上田秋成と楠木正成にしても、同じ「成」を用いているのに、読み方が異なる。前者の「上田秋成」は「うえだあきなり」。「成る《な》」から「なり」と読ませたわけで、こちらは一般的ですんなり理解できる。しかし「楠木正成」のほうは、「くすのきまさしげ」。普通なら「秋成（あきなり）」式に読んで「正成（まさなり）」となりそうなものだが、それが「まさしげ」とはこれいかに？　上田秋成は『雨月物語』で知られる江戸時代の読本作家、かたや楠木正成は南北朝時代の偉い武将。やっぱり身分の違いなのか、と勘ぐりたくなってしまう。

徳川将軍の第十一代「家斉（いえなり）」や第十四代「家茂（いえもち）」、第十五代「慶喜（よしのぶ）」といったお歴々も皆様、大胆な名乗りっぷりである。「斉」が「なり」、「茂」が「もち」、「喜」が「のぶ」なんて、知らなければおよそ読めるものではない。将軍様に楯突くようで畏れ多いが、とくに「家茂」様、その漢字では読みはどう考えても「いえしげ」ではありますまいか。

このように例を挙げ出したら、教科書に載っている歴史上の人物たちが他人とは一味違った名乗りにした例には、枚挙にいとまがない。

「徳川慶喜」の呼び方

もっとも、昔はエライ人たちの「実名《じつみょう》」は「諱《いみな》」（忌み名）といって、口に出すことがはばかられ、読みはほとんど表に出されなかった。その代わりに「仮名《けみょう》」とも「通称」ともいわれる呼び名としての「字《あざな》」で呼ばれていたから、周りの人たちが実名の漢字を読めなくて困ったということはなかっただろう。

じつをいうと、実名の読み方は、本当のところははっきりわからない場合もある。というか、実名で呼ばれることはまずないから、どう読むかはたいして意味のあることではなかったのだ。

たとえば「徳川慶喜」は、教科書や辞書には「とくがわ・よしのぶ」と表記されているが、有職《ゆうそく》読みで「慶喜」を「けいき」という読み方をされることもある。大政奉還後も一九一三（大正二）年まで存命だったこの方のことは、むしろ、「けいき」と呼ぶほうが一般的だった。

さらに、山田俊雄著『ことば散策』（岩波新書）によれば、明治時代に出版された『仮名傍訓　公布の写』という本では、「とくがは・よしひさ」というフリガナになっているという。英字新聞や英語の本にも「Ｙｏｓｈｉｈｉｓａ」の表記が残っている。

つまり、「慶喜」の読み方は、「よしのぶ」でも、「けいき」でも、はたまた「よしひさ」でもかまわないようなのだ。

徳川慶喜ほどの重要人物で、おまけに大正時代まで生きていた方だから、実名の読みがわからないはずはない。きっと教科書に載っている「よしのぶ」が正解なのだろう。「けいき」が一般的だったのは、実名はむやみに口にしてはいけないものだったから、訓で呼ぶのを避けて、あえて音読みにして呼んだということだったに違いない。

しかしそうなると、読み方という一点に限れば、実質的には「よしのぶ」でも、「けいき」でもよいことになる。「けいき」と読んでも、決して間違いではないのだ。むしろ、かつての習慣では、音読《おんどく》するほうが敬意を表する読み方とされていた。「藤《ふじ》原定家《わらのさだいえ》」を「ふじわらの・ていか」、「二宮尊徳《にのみやたかのり》」を「にのみや・そんとく」、「原敬《はらたかし》」を「はら・けい」と読むなど、本来の読み方より音読のほうが一般的な例は多い。

実名とは、いわば読まれない名前なのである。だったら、そんな名前を持っている意味はないじゃないかと思われそうだが、実名は呼ぶためではなく、書くためのものだったのだ。公式の文書などに書くときに用いられた。だから、その書かれたものをどう読むかについては、どんな読みでも取り立てて支障はなかったわけだ。

からみ合う姓・氏・苗字

ちょっと横道にそれてしまうが、ファーストネームの名前だけでなく苗字のほうも、近世以前は現代とは違っていた。ついでに、苗字についてもふれておこう。

現代では、人名のことを「氏名」「姓名」、あるいは「苗字と名前」と呼び、どの言い方でも同じ意味で用いているが、そもそも、「氏」も「姓」も「苗字」も、それぞれ歴史的な由来が異なり、時代によって違う意味合いで使われてきた。

古くは古墳時代に成立した大和王権下において、同じ祖先をもつ家族の集団を「氏《うじ》」といい、それぞれの氏の国政上の地位や家格の尊卑に応じて、「臣《おみ》」「連《むらじ》」「宿禰《すくね》」「造《みやつこ》」というような「姓《かばね》」が大王《おおきみ》（七世紀からは天皇）から授けられていた。

それが大化改新以降、律令制度が確立すると、国政上の地位は律令制の官位で示されるようになったため、姓は本来の意味を失って、「せい」と呼ばれるようになり、「氏」との同義化が進んでいった。

さらに中世に至って「家」が形成され、家名、家業、家産を父子継承していく家制度が整っていくと、先祖開発所領の地名を「家名」とする「名字《みょうじ》」が発生した。それがのちに「苗字」とも記されるようになった。

近世以前は、こうした家名と、個人名である「実名《じつみょう》」（諱）と「仮名《けみょう》」（通称）が組み合わさって、人名が構成されていた。配列は、苗字（名字）、仮名、氏姓、実名の順である。

たとえば、『忠臣蔵』で知られる「大石内蔵助」の正式なフルネームは「大石内蔵助藤原良雄」（おおいしくらのすけふじわらのよしたか）」だった。「大石」が苗字（名字）、「内蔵助」が仮名で、これは内蔵寮の次官を意味する律令官名だ。さらに「藤原」が氏で、「良雄」が実名（諱）となる。もっとも、この「良雄」の読みには「よしたか」説だけでなく、「よしお」説、「よしかつ」説もあるといわれているから、もしかしたら実名は「よしたか」ではなかったかもしれない。

ほかにも「織田信長」は、「織田・弾正忠・平朝臣・信長」（おだ・だんじょうのちゅう・たいらのあそん・のぶなが）。「徳川家康」は、「徳川・次郎三郎・源朝臣・家康」（とくがわ・じろうさぶろう・みなもとのあそん・いえやす）と、フルネーム（ただし、これらはある時期における名前）はずいぶんと長ったらしいものだった。

成長とともに変わる名前

織田信長や徳川家康のフルネームをある時期のものと説明したのは、ややこしいことに、明治初期までは個人名がころころ変わったからである。現代では生まれるとすぐに本名をつけ、その名前（ファーストネーム）は基本的に一生変わらない。だが昔は、子供の頃は「幼名」で呼ばれ、十代前半で元服すると「成人名」に改名した。だいたいその際に、初めて「実名」をつけるのだ。

男子の場合は、地位が高まると、さらに「官途名《かんどな》」（中央の官職名）や「受領名」（国司の官職名）を名乗るようになる。

前項に引き続き『忠臣蔵』を例にとると、松の廊下で斬りつけたとされる大名「浅野内匠頭長矩（あさのたくみのかみながのり）」の中の「内匠頭」は、供物や備品など奢侈な調度品を製作する職の頭を表す官途名だ。もう一方の「吉良上野介義央（きらこうずけのすけよしひさ）」は高家旗本《こうけはたもと》で、「上野介」は受領名である。前に書いたように実名は諱として通常は名乗らず、こちらの官職名などで呼び合っていた。

しかも、こうした位階や官職が変われば、同一人で呼び名が変わった。

名前の変遷について徳川家康の場合、まず幼名は「竹千代」。その後、今川義元の人質となっていた十四歳頃に元服し、義元の諱の一字「元」をもらって「松平元信《まつだいらもとのぶ》」に改名。翌年、今度は祖父の一字を取って「松平元康《もとやす》」としている。その後、勅許を得て徳川氏に改姓し、「徳川家康」となった。加えて通称もある。松平元信時代からの通称は「次郎三郎」だ。さらに出世のたびに官職はランクアップし、そのつどさまざまな官職名を戴いていた。将軍引退後には「大御所様」、没後は「神君《しんくん》」、神号としては「東照大権現《とうしょうだいごんげん》」とも呼ばれた。

織田信長の子供は「奇妙」

家康の「竹千代」という幼名は、徳川将軍家の幼名として代々継承された。このように初代当主の幼名が家の跡継ぎとなる嫡男の幼名になるケースは多く、尾張徳川家では初代徳川義直《よしなお》の「五郎太丸」、紀州徳川家では初代徳川頼宣《よりのぶ》の「長福丸」、水戸徳川家の初代徳川頼房の「鶴千代丸」が、それぞれ代々相伝とされた。

そんな中、独特な幼名を息子たちにつけたのが、かの織田信長である。

嫡男・織田信忠《のぶただ》には「奇妙丸」、次男・織田信雄《のぶかつ》には「茶筅《ちゃせん》丸」、三男・織田信孝《のぶたか》に「三七」、四男・羽柴秀勝《はしばひでかつ》に「於次《おつぎ》丸」、五男・織田勝長《かつなが》に「坊丸」、六男・織田信秀《のぶひで》に

「大洞」、七男・織田信高に「小洞」、八男・織田信吉に「酌」、九男・織田信貞に「人」、十男・織田信好《のぶよし》に「良好」、十一男・織田長次《ながつぐ》に「縁」——常識はずれで奇抜な人柄で知られる人だけに、昨今のキラキラネームばりのユニークな名前ばかりである（漢字の読み方は普通なのだが）。

当時は元服の際に改名することになっていたので、〝どうしてこんな名前なの？〟と子供たちが負担に感じることはさほどなかったかもしれないが、居ずまいの正しい「竹千代」などに比べると、奇天烈さが際立っている。こんな人を食った名前をつけられた信長の子供たち、やはり元服の際には喜びもひとしおだったのではなかろうか。

兼好法師の怒り

いろいろと歴史を振り返ってみてきたように、読み方がおよそ正しいとは思えないような無理読みでも、歴史的にそのように読まれた人名がありさえすれば、前例としてデータベース化されてきた。おまけに、その読み方は後年の推量の域を出ない、いい加減なものだったりもするのだが、ともかくそうやって辞書に蓄積されてきたのが名乗りなのである。

そういえば学生時代、日本史の勉強では、人名の読み書きを暗記するのにかなりの時間を費やさせられたものだ。今から思えばその苦行の大半は、こうした無理読みの名乗りのせいだったわけだ。

権力にあかした無理な名乗りは断固反対。後世の若者が名前の表記を覚えるのに苦労するじゃないか！　現代の受験生たちとしては、こう訴えたいところだろう。

しかし文句をつけたいのは、切羽詰まった事情をかかえる受験生だけではない。その昔にも、〝ちょっと風変わりなのがカッコイイ〟とばかりに、得意げに奇抜な名乗りをする風潮を苦々しく思っていた御仁がいた。吉田兼好《よしだけんこう》である。

鎌倉時代末期に編まれたとされる『徒然草』で、やたらと凝った名前をつける人のことを次のように批判している。

> 人の名も、目慣《めな》れぬ文字《もんじ》を付かんとする、益《えき》なき事なり。何事も、珍《めづ》らしき事を求め、異説《いせつ》を好むは、浅才《せんざい》の人の必ずある事なりとぞ。（百十六段）

——人の名前も、やたらと凝った文字をつけるなど意味のないことだ。どんなことにおいても、珍しいことを求め、異説を好むのは、いかにも教養のない人がやりそうなことだ。

さすが、無常観漂う動乱の世の中を冷徹に見つめていた兼好法師の面目躍如といったところだ。〝世界に一つだけの花〟みたいな、ステキかつ個性的な名前をつけようとする現代の風潮にも、そのまま通じそうな箴言である。

その兼好は、こうも書き残している。

己《おの》が分《ぶん》を知りて、及ばざる時は速《すみや》かに止《や》むを、智といふべし。　（百三十一段）

――自分の身のほどを知って、自分の力が及ばない場合にはすぐにやめるべきだ。それが知恵というものだ。

この言葉も、現代人には耳が痛い。しかし、こういう知恵を置き去りにしてきた現代の日本人にとって、「身のほどを知る」ということが、簡単そうでいてじつは最も難しい。子供の名づけでも、目新しさだけに走らず「身のほど」で考えてみたいと思ってみても、これがなかなかできないものなのだ。

江戸時代にも難読名乗りブーム

これほど人生への深い思索が詰まった『徒然草』だが、執筆後一〇〇年間ほどは注目されなかったようだ。同時代には『徒然草』に言及している史料は伝わっていない。それが室町時代中期になって歌僧、正徹《しょうてつ》によって見出され、江戸時代には町人にも愛読されるようになったといわれている。

ところが江戸時代の世相というのは、兼好の感じていた「憂世」ではなく、「浮世」。浮かれて生きる江戸っ子たちに兼好の真意は届かなかったとみえ、警鐘もむなしく、難解な名乗りが庶民の間でブームとなった。

誰も読めないような漢字を名前につけるのが大流行。『韻鏡名乗字大全《いんきょうなのりじたいぜん》』といった版本まで出版され、ベストセラーになった。「韻鏡」というのは、中国における漢字の音の体系を一覧するための表のことで、この本はそれを姓名判断の参考とした名乗り字事典、いわば名づけのためのマニュアル本である。まさしく現代と同じような現象が江戸時代にも起こっていたわけだ。

こうした流行を当時の国学者、本居宣長《もとおりのりなが》は随筆『玉勝間《たまかつま》』の中で、「今の世人の名の事」と題して、次のように記している。

近き世の人の名には、名に似つかはしからぬ字をつくこと多し、又すべて名の訓は、よのつねならぬがおほきうちに、近きころの名には、ことにあやしき字、あやしき訓有て、いかにともよみがたきぞ多く見ゆる、すべて名は、いかにもやすらかなるもじの、訓のよくしられたるこそよけれ、（十四の巻）

——最近の人の名前には、名前にふさわしくない字を使うことが多い。また、すべての名前の訓は一般的であるのが多いのに、最近の名前はことに奇妙な字、変な読み方をして、非常に読みづらい名前を多く見かける。すべての名前は、いかにも読みやすい文字で訓がよく知られているものがよい。

読みづらい名前というのは、兼好法師ばかりか、宣長をも嘆かせていた。いつの時代でも、変幻自在の造語能力を持つ日本語に幻惑される人が大勢いたのである。

本居宣長の門下生の難読名

宣長の門下生にも難読名の人が多かったらしく、現存する門下生名簿「授業門人姓名録」には難しい名前が随所に見られる。宣長はそれらにフリガナを振っていた。

本居宣長といえば、その時代にはもはや解読不能に陥っていた『古事記』を研究し、三五年をかけて『古事記伝』全四四巻を執筆した大国学者である。その宣長が、現代の学校の先生たちと同じように難読ネームに苦労させられていたわけだ。

宣長を困らせた難読ネームとは、いったいどのようなものだったのか。『本居宣長全集』（筑摩書房）第二十巻に収録されている「授業門人姓名録」で調べたところ、極めつきなのは「稽古」あたりだろうか。

江戸時代にもこの言葉は「武術の稽古」などと使われていた。読み方も、現代と同じように「けいこ」と読むのが普通だった。ところが宣長が名簿に残したフリガナは、なんと「とほふる」。そもそも「稽古」を名前にしてしまうこと自体普通ではないのに、さらに読みがこんなに奇をてらったものとは、「とほふる」じゃなくて「トホホ」と言いたくなる。宣長の嘆きにも合点がいく。

ほかにも、「光多（みつな）」「美臣（よしを）」「毎敏（つねとし）」「政要（まさとし）」「信満（さねまろ）」「馴公（なれき）」「将聴（まさあきら）」「舎栄（いへよし）」

……。こんな無理読み、いくら宣長先生でも読めるはずがない。

ちなみに、宣長は二男三女をもうけ、長男は「春庭（はるにわ）」、次男には「春村（はるむら）」と名づけている。その主張どおりの読みやすい名前である。長女、次女、三女はそれぞれ、「飛驒（ひだ）」「美濃（みの）」「能登（のと）」と、こちらは当時の誰もが知っていた国名からつけている。

宣長の「和子」批判

先の引用文で、宣長は「あやしき訓」の読みづらい名前はよくない、と苦言を呈していた。しかし、さて、それではどこまでが「よのつね（世の常）」で、どこまでいくと「あやしき訓」となるのか。前章でも述べたように、この線引きがなんとも悩ましい問題なのだ。

たとえば、昭和に入って長らく女児名の人気一位を守ってきた「和子」は、これぞ、キラキラネームとは対極といえる、堂々たる〝正統派〟の名前である。誰もがなんのためらいもなく、「かずこ」と読めるはずだ。

だが、じつを言うと、「和」を「かず」と読むのは、根拠がどうもあやしいのである。

「和」の訓としては、「なご-む／なご-やか／やわ-らぐ／やわ-らげる」が常用漢字表内の読み方とされているほか、ほかにも「あえる」とか、「なぐ」という訓が辞書には載っているが、「かず」はこうした通常の音訓ではない。

じつは「かず」は、人名だけで用いられてきた名乗り。どうして「和」を「かず」と読むのかはよくわからないが、過去の歴史のどこかで誰かが無理読みした所産という読み方だったのだ。その名乗りを用いて、「昭和」の年号にちなんで「和子」や「和夫」が命名され、一躍メジャーになったために、私たちにとっては〝正統派〟と感じられる名前に昇格したというわけだ。

江戸時代にあって、宣長はこの「和」を「かず」と訓ずる読み方を問題視した。『玉勝間』に、「人の名の和ノ字の事」という項が設けられ、こう論じている。

人の名に、和ノ字を、加受《カズ》とよむは誤也、これは加都《カツ》にて、都《ツ》は清音なり、此言は、かてかつかつると活用《ハタラキ》て、物を和合《アハス》こと也、萬葉歌に醤酢爾《ヒシホスニ》蒜都《ヒルツ》伎《キ》合而《カテテ》とある、此合而《カテテ》なり、（十四の巻）

――人の名に「和」の字を用いて「かず」と読むのは間違いである。これは「かつ」が正しく、「つ」は清音である。この言葉は「かて・かつ・かつる」と活用し、物を「和合」、すなわち「あわす」ことをいう。『万葉集』に、「醬酢《ひしほす》に蒜搗《ひるつ》き合《か》てて（歌意／ノビルを搗いて醬と酢にまぜ合わせて）……」（巻十六・三八二九）という歌があるが、この「合《か》てて」である。

えっ、「あやしき訓」どころか、「誤り」だったのか！　これには驚いたが、そう言われたら、ああ、だから、「ほうれん草のごま和え」などと書いて、「和」を「あえる」という意味で用いるんだ、と納得。「１＋１＝２」といった足し算の答えを「和」とするのも、なるほど「和合（あわせる）」からきていたのか。目からウロコである。

おかげで「和（かず）」の名乗りの由来についてはすっきりしたが、してみると、「和」という字は本来、「かつ」と読むべきであって、「和子」を「かずこ」と読んでしまうのは、ちょっと恥ずかしい無理筋の読みだったことになる。

「和子」という正統派の極みのような名前まで、もとをただせば、世人の顰蹙を買うような難読ネームだったとは……。まったく、名づけにおける「世の常」はかくも曖昧なものなのである。

☆タカラジェンヌはキラキラネームの元祖？

キラキラネームは「一般人なのに、まるで宝塚みたい」と批判されることが多い。そう、華麗なる女の園、宝塚歌劇団にはキラキラした芸名が多いというイメージがある。二〇一五（平成二十七）年三月現在、各組トップの名前は、花組が男役「明日海りお（あすみ・りお）」、女役「花乃まりあ（はなの・まりあ）」。月組が男役「龍真咲（りゅう・まさき）」、女役「愛希れいか（まなき・れいか）」。雪組は男役「早霧せいな（さぎり・せいな）」、女役「咲妃みゆ（さきひ・みゆ）」。星組は男役「柚希礼音（ゆずき・れおん）」、女役「夢咲ねね（ゆめさき・ねね）」。宙《そら》組は男役「朝夏まなと（あさか・まなと）」、女役「実咲凜音（みさき・りおん）」。たしかにキラキラ度は高い。

ところが、二〇一四年に創立一〇〇周年を記念して発表された「殿堂入り100人」を見ると、草創期のスター天津乙女や春日野八千代をはじめ、八千草薫、寿美花代、有馬稲子、朝丘雪路、鳳蘭、大地真央ら錚々たるメンバーが選ばれているが、読みにくそうなのは「天津乙女（あまつ・おとめ）」くらい。平成になってからの卒業生にしても真矢みき、天海祐希など案外ノーマルである。イメージはともかく実際は、元祖キラキラネームというより、世間の一歩先を行くきらびやかなお姉様方といった役どころのようだ。

第四章　言霊がつくったややこしい状況

名づけの深い森

日本語の名づけの森は、奥が深い。キラキラ輝いている今風の名前たちは、気づいてみれば、その森へのほんの入り口。キラキラネームの迷い道はさらに奥へと続いていて、行く手には営々と育まれてきた日本語の太古の言葉の森が広がっていた。

漢字の読みというのは、そもそも一筋縄ではいかないもの。それは日本語という言語が内包している宿命なのだ。

はるか昔、古代日本には自前の文字がなかった。私たちの祖先は、異なる体系を持つよその国（中国）の言語である漢字を借りて、それをどうにか手なずけ、日本語を形成していった。形式ばった言い方をすると、日本語の歴史は、漢字とやまとことばの相剋と融合の歴史でもあったのだ。そして今もなお、日本語は新陳代謝を繰り返し、時代の潮流の中で攪拌され、日々変容している。

そういう構図の中で名前というものを捉え直してみると、要するに名づけは、「声に出す言葉の響き」と「漢字という文字」がせめぎ合う、ホットな最前線ということができる。ことにキラキラネームの存在は、日本語の読みと文字にかかわる宿命を図らずも浮き彫りにする結果になっているといえる。

キラキラネームに代表される、漢字を意味のイメージに合う訓で読んでしまう当て字感覚、名前の音の響きにこだわる心理――こうした言語感覚は、日本語を使っている私たちすべてにかかわってくるテーマである。やはり、バッシングしているだけでは、現象の本質にはふれることができないのだ。

「声の文化」と「文字の文化」

キラキラネームでなくても、初見ではどう読んだらいいのかわからない名前は多いものだ。前章では歴史上の人物を取り上げたが、最近のタレントや俳優の名前（芸名とは限らない）でも、戸惑うことがしばしばある。

たとえば「大森南朋（おおもり・なお）」「小澤征悦（おざわ・ゆきよし）」「市川実日

子（いちかわ・みかこ）」……。「内野聖陽（うちの・まさあき）」もその一人だったが、彼はあまりに読み間違えられるため、音読みの「せいよう」に改名したとか。

それから私は、「剛力彩芽（ごうりき・あやめ）」というインパクトのある名前も読めなかった。字面が似ている「沢村一樹（さわむら・いっき）」と「北村一輝（きたむら・かずき）」も、いつもこんがらがってしまう。

地名となると、さらに難しい。その土地の人でないと到底読めないような難読地名が全国いたる所にごろごろしている。

あらかじめ知っているから当たり前のように読んでいるが、「太秦（うずまさ）」とか「指宿（いぶすき）」「鳴門（なると）」だって、漢字と読みが大きくズレている。東京都内の「御徒町（おかちまち）」「日暮里（にっぽり）」「馬喰町（ばくろちょう）」「等々力（とどろき）」などという有名地名にしても、まっさらな目で見てみたら、案外読めないのではないだろうか。

地名の場合、自然発生的に生まれた呼び名がほとんど。それぞれの土地の歴史や文化に深く根づいて呼ばれていた「音」が地名の本体であり、「表記」（漢字）は当て字だったり、途中でほかの字に転じたりもしているため、漢字が通常の読み方以上によけい読みにくくなっているのだ。

もっとも、それは地名に限った話ではない。太古、いつの頃からかコミュニケーションの手段として言葉が生まれ、話し言葉だけの「声の文化」の時代が長らく続いた。そこに文字が持ち込まれて、声に出すだけだった言葉が文字で記録されるようになった。そもそも日本語というのが、古くから存在していた「声の文化」に「文字の文化」が重ね合わさってできたものなのである。

では、もともとの「声の文化」において、名前とはどのように捉えられていたのだろうか。本章では、「声に出す名前の音」という観点から、私たち日本人にとっての名前というものについて考えてみたい。

文字のなかった言霊の幸ふ国

ということで、いきなりだが、ここで古代にワープしてみよう。

まずは、遠い遠い過去の日本を想像してみてほしい。そこには文字は存在せず、コミュニケーションはもっぱら話し言葉に頼っていた——。

文字があるのは当たり前の私たち現代人には、そうした無文字社会はイメージしにくいが、ちょっと目を転じて世界を見渡せば、文字のない社会はけっこうある。また文字は存在していても、それを知らないで生きている人々も大勢いる。無文字社会などというと仰々しく感じられるが、話し言葉だけでも社会生活はさほどの不便もなく成立していたに違いない。

古代日本における無文字社会について、『古語拾遺《こごしゅうい》』の序文に次のように記されている。古代史といえば、『古事記』（七一二年成立）と『日本書紀』（七二〇年成立）が二大文献だが、『古語拾遺』も、八〇七（大同二）年に斎部広成《いんべのひろなり》という官人が平城《へいぜい》天皇に撰上したといわれている貴重な史料の一つである。

「上古《じやうこ》の世に、未だ文字有らざるときに、貴賤老少《きせんらうせう》、口口に相伝《あひつた》へ、前言往行《ぜんげんわうかう》、存して忘れず」ときけり。

——聞くところによると、「上古の世にまだ文字がなかったときには、身分の高い者も低い者も、老いも若きも、互いに口から口へと伝え合って、昔の人が言い残した言葉や行ったことをよく覚えていた」という。

遠い昔は、文字がなかったが、社会はつつがなく営まれていたし、むしろ文字に頼りきっていない分、前言往行をしっかりと記憶に留めていたと思われる。
そんな社会では、言葉の力は重く受け止められ、口から発する言葉（音）そのものに霊的なパワーが宿っていると信じられていた。言葉の魂、つまり言霊《ことだま》が日本中に満ち満ちていた。そのさまを『万葉集』は、「言霊の幸《さき》はふ国」（言霊の力により豊かに栄える国）と言祝《ことほ》いで、高らかにこう詠っている。

神代より　言《い》ひ伝《つ》て来《く》らく　そらみつ　大和《やまと》の国は　皇神《すめかみ》の　厳《いつく》しき国　言霊の幸はふ国と　語り継《つ》ぎ　言ひ継がひけり……
（山上憶良《やまのうえのおくら》　巻五・八九四）

——神代より言い伝えられてくることには、空に充ちる大和の国は、神威に満ちた国、言霊の霊力のある国と語り継ぎ、言い継いできた……。

「言霊の幸はふ国」では、「コト」は「言」であり、「事」である。言うコトと、出来事のコトは同じなのだ。だから言葉の霊力がたいそう強く、声に出して口にすると、それが事となって、言葉で言ったとおりの状態になると考えられていた。

言霊信仰のDNA

言葉に宿っている神秘的な霊力によって、良い言葉は吉事を招き、悪い言葉は凶事を招く――こんなふうに書くと、古代人の迷信と受け止める人もいることだろう。

しかし考えてみると、現代の日本においても、その場にふさわしくないとされる忌み言葉が数多くあり、冠婚葬祭の場では、おめでたいことに影を落とすような表現や、不吉な表現を使わないよう心がけるのがマナーとされている。

結婚式には、別れを連想させる「別れる」とか、「終わる」「切れる」「失う」「割れる」といった言葉はご法度。「終わる」は「お開き」(漢字で書く際は、縁起のいい「御披楽喜」を当てる)、「ケーキを切る」は「ケーキにナイフを入れる」と言い換えるのが習わしとなっている。お正月の鏡餅も、やはり「切る」のではなく、「鏡開き」と言う。

また受験生がいる家庭では、「滑る」「落ちる」「転ぶ」は禁句だし、「死」を連想させる「四」や「苦」を連想させる「九」はさまざまな場面で敬遠される。さらに居酒屋では酔っ払いながらも、気づけば「スルメ」のことを「アタリメ」と呼んでいたりする。

どれもこれも、みんな、よくないことが現実化するのを恐れてのことである。もちろん、そんなことを信じているわけではない。そんなわけないのは頭ではわかっている。だけれども、心のどこかでほんの少し不吉な影におびえ、知らず知らずのうちに縁起の悪いことはなるべく言わないようにセーブする心理が働いてしまうのだ。

言葉へのなみなみならぬこだわりは、古代人のみならず、私たちの中にも色濃い。どうやら私たちにも言霊を気にするＤＮＡが受け継がれ、自分で想像する以上に〝言霊信仰〟が心の奥底に息づいているようだ。キラキラネームが音の響きを優先してつけられているのも、あるいはそんな言霊へのこだわりのなせる業なのかもしれない。

邪神を鎮める言葉のパワー

古代日本において言葉の霊力が強く信じられてきたのは、話し言葉のみによる時代が長かったことだけが原因ではない。民俗学の世界では、そもそも国の成り立ちにあたって、言霊が深く関与したとされている。

日本は初めから「言霊の幸はふ国」だったわけではなく、天孫降臨が果たされる前には、まがまがしい不穏な世界が広がっていた。それが言葉の力で国譲りを成し遂げ、晴れて「言霊の幸はふ国」になれた、と神話は伝える。

国譲り以前のこの国の姿はどのようなものだったのか、『日本書紀』にはこうある。

彼《そ》の地《くに》に、多《さは》に蛍火《ほたるび》の光《かかや》く神《かみ》、及《およ》び蝿声《さばへな》す邪《あ》しき神有《あ》り。復草木《またくさき》咸《ことごとく》に能《よ》く言語《ものいふこと》有り。（巻第二　神代下）

――この国には、蛍火のように輝いている悪い神、五月の蝿のように湧き立つ煩わしい邪神が大勢いた。そのうえ、草にも木にもそれぞれに精霊が宿っていて、ものを言って人間を脅かした。

『古事記』でも、次のように記されている。

ここをもちて悪しき神の音《こゑ》は、さ蝿《ばへ》如《な》す皆満ち、萬《よろづ》の物の妖《わざはひ》悉《ことごと》に発《おこ》りき。（上つ巻）

――悪い神の声は、あたかも五月の蝿のように世界に満ちあふれ、すべてのものに神意として深く隠されていた呪詛が、その徴《しるし》として、ことごとく立ち現れてきた。

印象的な「さばへ」という言葉は、陰暦の五月頃に発生する蝿のことで、そこから転じて、蝿が群がって飛び交っているような煩わしさや厭わしさを表す。

黒々とした蝿の大群と、唸るような羽音……。想像するだに、不気味でおぞましい雰囲気が伝わってくる。現代ではこれを「五月蝿《さばえ》」と表記。そのイメージがより明確に表現されている。が、それにしても、そうとうな無理読みである。さらに「五月蝿い」と送り仮名をつけたら、その読みは「うるさい」となる。これまた強引だ。

つい無理な文字遣いに気を取られてしまったが、それはさておき、ともかく記紀によると、神代の昔、まだ葦原中国《あしはらのなかつくに》（日本の国土のこと）が平定される以前には、そんな厭わしい蝿のような疫神があちこちで声を上げ、さらに動物も、草も木も、ありとあらゆるものの精霊たちが、ああだこうだと呪詛を言い立てていた、というのである。

そうした地上の荒ぶる神々や精霊たちに対して、高天原の天津神《あまつかみ》は、なだめたり、誉めたり、説得したり、脅したり、諭したり、つまりはそう、言葉の力で鎮めていった。

……荒振《あらぶ》る神等《かみたち》をば　神問《かむと》はしに問はし賜ひ　神掃《かむはら》ひに掃ひ賜ひて　語問《ことと》ひし　磐《いは》根《ね》　樹根立《きねたち》　草の片葉《かきは》をも語止めて……

（大祓詞《おおはらえのことば》　神社本庁蔵版）

天津神の言葉によって、悪しき神々や磐根（岩石）、樹根立（木立）、草の葉までもがみな、ガヤガヤと騒がしく話すことを止めた――古くから神道で神事の際に唱えられてきた祝詞《のりと》の一つ「大祓詞」は、そう伝えている。

こうしてのち、静かになった葦原中国はやっと「言霊の幸はふ国」となり、天孫降臨を果たして天孫が統治する国となった、と神話はいう。

概して「言霊の幸はふ国」などというと、単なるレトリックのように聞こえるが、じつはそこには、言葉を駆使して繰り広げられてきた壮大なバトルが隠されていた。むろん神話がそのまま事実ではないのは言うまでもないが、少なくとも古代の人々にとっては、「言霊」はけっして言葉の上だけの修辞ではなかった。言葉にしてはっきりと言ったことは、本当に現実となるものだったのだ。

知られてはならない名前

われらが祖先たちの言霊のパワーへの信頼は絶大なものだった。それだけに、自分の思いや考えを口に出して言挙げすることはタブーだった。うかつに言葉にしたら、それが現実化して大変なことになってしまうからだ。

とくに名前を口にすることは禁忌として避けられた。「名」は「実体」と相即不離。つまり、名前は人格と強く結びついて切り離すことができないもの。だから名前を知られただけで、相手の支配下に置かれてしまうと考えられていたのである。

前章で歴史上の人物たちの名乗りについて、「実名《じつみょう》」は「諱《いみな》」といって口に出すことがはばかられ、読みはほとんど表に出されなかったと説明したが、それはこうした思想がベースにあったためだ。

諱とは、すなわち「忌み名」。他人に知られるのを忌む名という意味である。人々は、実名を知られたら、相手になにをされるかわかったものではない、呪詛されるかもしれない、と恐れていたのである。さらに、実名を他人から呼ばれると、もともと実名が持っていた神秘的な呪術性が失われてしまうとも考えられていた。

実名に他人が読めないような無理読みが多かったのは、じつを言うと、前章で述べたような権力を誇示するためでも、学をひけらかしたいためでもなく、容易には読まれないようにする意図があったに違いない。

そして、そのために「仮名《けみょう》」（通称）が生まれたわけだ。こちらは便宜的に用いたものだが、かといって偽名ではない。レッキとしたその人のもう一つの名前である。ただし、実名ではないから、他人に知られても、万一呼ばれても、安心と考えられたのだ。

人格を貶める醜名

こうした名前と人格を一体と捉える観念を利用して、古代には刑罰として、その人の名前を貶《おと》す刑が行われた。名前を呪わしいものに貶すことは、その人の人格そのものを貶《おとし》めることを意味するからだ。

その最たる例が、古代史最大のスキャンダルとも伝えられる「宇佐八幡宮神託事件(道鏡事件)」に関連した和気清麻呂《わけのきよまろ》への処分である。

祈禱の力で女帝の称徳天皇に取り入って朝廷内で力をふるっていた道鏡が、女帝と恋仲にあったのを利用して皇位を狙ったとされるのが、いわゆる宇佐八幡宮神託事件だ。『続日本紀』によれば、七六九(神護景雲《じんごけいうん》三)年のこと。道鏡は、「道鏡を皇位に即《つ》かせれば天下は太平となる」との宇佐八幡神の託宣を都に送らせる。しかし、宇佐神宮へ真偽の確認に赴いた清麻呂がそれとは正反対の内容の神託を持ち帰ったことで、道鏡の野望は打ち砕かれ、怪僧が天皇になるという暴挙は未然に阻止された。

それならば処罰ではなく、殊勲ではないかと思うのだが、これが称徳天皇は気に入らなかった。女帝は、清麻呂と彼の姉の尼僧・法均《ほうきん》（和気広虫《ひろむし》）が結託して偽のお告げを捏造したと激怒。「和気清麻呂」という名を「別部穢麻呂《わけべのきたなまろ》」に改名させて大隅国（現在の鹿児島県）に流罪としてしまったのだ。

名前が単なる記号ならば、たとえ変えられてもどうということはないが、名は人格そのもの。醜名《しこな》に変えてしまうことで人としての尊厳を傷つけ、人格そのものを激しく冒瀆したのである。

称徳天皇は以前には、吉備の豪族出身で「吉備藤野別《きびのふじののわけ》」という氏姓を名乗っていた清麻呂のことを信認し、「輔治能真人《ふじののまひと》」という氏姓を授けていた。「輔治能」は、「藤野」と音が同じというだけでなく、「能《よ》く輔《たす》け治《おさ》める」という意味があった。「真人」も、最高の位を表す姓《かばね》だった。しかし女帝は、その姓も容赦なく取り上げた。

さらに、自分の側近だった法均のことも、還俗させたうえで「別部狭虫《さむし》」（広→狭）と名を貶め、備後国（現在の広島県）に流してしまった（ただし、法均尼と清麻呂の姉弟は、称徳天皇の崩御後に赦されて復位した）。

漢字という容器に入った言霊

すでに漢字が導入されていた称徳天皇の時代。「清麻呂」や「広虫」の醜名への改名を見ると、漢字も、「清」という字が「穢」に、「広」も「狭」へと、悪い意味のものに変えられている。つまり、文字の使い方においても、吉凶にかかわる善し悪しが意識されていたのがうかがえる。

この女帝は、孝謙天皇（称徳天皇は孝謙天皇の重祚《ちょうそ》）として皇位にあった七五七年には、「君子部《きみこべ》を吉美侯部《きみこべ》とせよ」という勅命も出している。これは、天皇を意味する「君」というありがたい文字を臣下が使わないよう、敬避させるためだったのではないかといわれている。

また、それより前の時代の元明天皇の御代、七一三（和銅六）年には、「好字二字令」の勅命が発せられている。

当時の旧国名や郡名の表記の多くは、やまとことばに漢字を当てたものだったが、漢字の当て方がバラバラだった。そこで地名の表記を統一することをめざし、唐に倣って、好字（よい文字）を使って漢字二文字の地名にするよう命じられたのである。

この勅命によって、一字の旧国名は「泉→和泉」「木→紀伊」「火→肥前」などと二字に、三字のものは「下毛野→下野（しもつけ）」「上毛野→上野（こうずけ）」「近淡海→近江（おうみ）」「遠淡海→遠江（とおとうみ）」などと省略形にされた。「倭（やまと）」も「大倭」とされ、のちに「大和」となった。

見た目においては、二字に統一されて整然となったものの、たとえば「泉」にわざわざ読まれない「和」をつけて「和泉」とするなど、漢字へのこだわりが、かえって無理な当て字を生じさせてしまった観は否めない。だがそれはそれとして、こうした事例からも、言葉の響きだけでなく、その言葉を定着させる文字にも、私たちの祖先はこだわりを見せるようになっていたのがわかる。

文字は言霊の入れものである。その容器にも、強力な霊力を持っている言葉にふさわしい、めでたき好字を用いたいと望んだのである。

やまとことばの言霊vs.漢字の言霊

そもそも漢字は、古代中国で亀甲や牛骨、鹿骨で吉凶を卜占《ぼくせん》する際に用いられた甲骨文字が始まりとされる。漢字自体が神霊につながり、呪術的な力を持つものだった。これぞ、心を響かせる言霊を入れるにふさわしいもののように思える。

漢字学の第一人者といわれ、漢字の始原を尋ねた画期的な研究で文化勲章を受章した白川静氏は、その著『漢字』(岩波新書)で、こう述べている。

古代にあっては、ことばはことだまとして霊的な力をもつものであった。しかしことばは、そこにとどめることのできないものである。(中略)ことだまの呪能をいっそう効果的なものとし、持続させるためにも、文字が必要であった。文字は、ことだまの呪能をそこに含め、持続させるものとして生まれた。

まさしく言霊と文字の関係について述べている一文である。たしかに文字は、言霊をとどめるためのものであった。しかし、一つ、とんでもなく重大な問題があった。それは、ここで言われている「ことば」とは、古代中国の言語のことであり、彼らの神話や思想、文化、祈りなどが込められた言霊を「吸収し、定着し、持続するためのもの」だったということである。

白川氏は「『ことだまの幸はふ国』というのは、ひとりわが国の古代のみではない。中国にあっても、そのことだまへのおそれは、古代文字の構成の上にあらわれているのである」とも、同書で記している。

要するに、私たちの祖先がやまとことばの言霊を入れる容器とした漢字には、中国語の言霊がすでに入っていたのである。

漢字を借りて日本固有のやまとことばを書き表すことにした古代の日本人たちは、漢字が表意文字であるおかげで、漢字に込められた字義はそのまま使うことができた。さらに、漢字という文字に蓄蔵されている知識や知恵を、貪欲に吸収もした。力を持つ言霊同士が共鳴し合って、よりパワーを発揮することもあっただろう。

だが、その一方で、私たちの祖先は、漢字本来の音《おん》ではなく、どうしても自分たちが話してきた言葉で文字を読みたいと望んだはずだ。やまとことばの音のまま、心の底から湧き上がってくる生の感情を込めて、漢字を読みたいと強く望んだに違いない。

彼らにとって、どう読むかという言葉の音がこのうえもなく大切だった。声に出して読んだとき、そこからやまとことばが立ち上がってこなければならなかった。でなければ、自分たちの言霊が失われてしまうのだから。

こうしたことを思うと、漢字を借りた古代日本人が自分たちの心に深く響いてくる音にこだわり、漢字にやまとことばを当てはめて訓読みしていく中で、ときとして強引な無理読みに走ってしまったのも、納得できる気がしてくる。

名づけにおいて、「声に出す言葉の響き」と「漢字という文字」がせめぎ合い、しばしば大きくズレてしまうのは、このあたりに一因があるようにも思う。

女が名前を告げるとき

日本語の森の、ずいぶん奥まで足を踏み入れてしまったようだ。このあたりで、ふたたび忌み名に戻ろう。

ここからは、女性の習俗についての話である。

本当の名前を教えてはならない。なぜなら、相手に名前を知られたら、自分という存在を奪われてしまうから――この〝教訓〟は、とくに女性にとって、特別な意味合いを持っていた。

古代の女性にとっては、相手の男性に自分の名前を教えることは、身を許すことと同義であり、名前を知られることは、文字どおり相手の支配下に置かれることを意味していたのだ。そうそう簡単に教えるわけにはいかなかった。

ゆえに恋の駆け引きでは、「名前を教えて」「あなたには教えられないわ」といったやりとりが盛んになされた。

『万葉集』の冒頭を飾る雄略天皇に仮託された一首は、

籠《こ》もよ　み籠《こ》持ち　ふくしもよ　みぶくし持ち　この岡《をか》に　菜《な》摘《つ》ます児《こ》　家告《の》らな　名告《の》らさね　そらみつ　大和《やまと》の国は　おしなべて　我《われ》こそ居《を》れ　しきなべて　我こそいませ　我こそば　告らめ　家をも名をも　（巻一‐一）

――美しい籠を持って、美しい篦《へら》を手にして、この岡で菜を摘むお嬢さん。あなたはどこの家の娘か。名前はなんという。大和の国は、すべて私が従えているのだ。すべて私が支配しているのだ。私こそ明かそう、家をも、名前をも。

ここで娘が名を名乗れば、求愛を受け入れ、身をまかせてもよいと言ったことになるのだが、さて、彼女がなんと応えたのか、その返事は記されていない。

一方、次の問答歌では、女性の返事ははっきりノーである。

紫は灰指《さ》すものそ海石榴市《つばいち》の八十《やそ》の衢《ちまた》に逢へる児《こ》や誰《たれ》　（巻十二‐三一〇一）

――紫の染料は灰汁《あく》を入れて美しくなるものと言いますよ（女性も結婚して美しくなるのです）。海石榴市の辻で出会ったあなたの名は？　教えてほしいなあ。

たらちねの母が呼ぶ名を申《まを》さめど路《みち》行く人を誰と知りてか　（巻十二－三一〇二）

――母が私を呼ぶ名をお教えもしましょうが、でも通りすがりの人を誰と知って告げるのでしょう。

「あなたが誰かわかりませんもの。お教えできませんわ」と、表向きはやんわり装いつつも、「なに言ってるのよ。名前を教えたら誘いに応じたことになっちゃうじゃないの。あなたこそ、名を言いなさいよ」とやり返している。しかも、そんなやりとりを楽しんでいる風情もあって、彼女、なかなかのツワモノのようだ。

『源氏物語』と風俗嬢のえにし

こうした万葉の頃より時代が下った平安の世。この時代になると『源氏物語』をはじめとする女流文学が花開き、紫式部、清少納言、和泉式部など、多くの女性の名前が今に伝わっている。

しかし、この人たちの名前は、みんな本名ではない。「式部」や「少納言」というのは、父親などの官職名からつけられた、女房としての呼称である。その実名は現在でも、ほとんど不明のままだ。

紫式部の場合は、実際の女房名は「藤式部」。当代屈指の学者だった藤原為時の娘ということで、「藤原」姓に由来している。それが「紫」と色名を冠して呼ばれるようになったのは、『源氏物語』の作中人物「紫の上」にちなんだものといわれている。また清少納言の「清」は、著名歌人であった父、清原元輔の「清原」姓に由来する。

余談だが、現代の風俗や水商売で働く女性は、本名ではなく「源氏名」を名乗っている。じつは、この源氏名は『源氏物語』がルーツである。

女性の場合、男性以上に名前が公になることがなかったから、中世や近世の女官たちは『源氏物語』の巻名や登場人物にちなんだ名前を名乗ることがしばしばあった。本来はそれを源氏名と呼んでいたが、やがて遊女が名乗る雅な名前を指すようになり、今では『源氏物語』と関係なく源氏名という言葉が使われているのだ。

古代からの名前の習俗にはまったく無縁と思われている、現代の風俗嬢の源氏名。それがこんな連綿としたつながりの上にあると思うと、なんとも面白い。

話があらぬ方向に逸れてしまったが、やはり平安時代にも他人に実名を呼ばれることを〝忌むべきこと〟とする習慣が宮中にあった。女性にとっては、自分の名をみだりに他人に教えるなど、もってのほかだったのだ。

「千尋」も名前を奪われた

そういえば現代にも、こうした忌み名の習俗を思わせる〝事件〟に遭遇した女の子がいる。といっても、現実の話ではなく、宮崎駿監督の人気アニメ映画『千と千尋の神隠し』の主人公、千尋である。

両親とともに異界に迷い込んでしまった千尋は名前を奪われ、八百万の神々の集う湯屋を経営する湯婆婆《ゆばーば》のもとで働くことになる。湯婆婆というのは、相手から名を奪って自分の支配下に置くことができる老魔女で、千尋に契約書へサインをさせて、「千尋」の名を奪い、代わりに「千」という名前をつけるのだ。

この〝奪われる名前〟が物語の重要なモチーフとして使われているのだが、契約の場面では、名前の「音」と「表記」のズレが巧妙に映像化されている。

契約にあたって、湯婆婆は「ふん、チヒロというのかい。だけど、今からお前の名前はセンだよ」と言いわたす。これで千尋は「ちひろ」という名前を奪われたことになる。しかし、言葉（音）だけだと、あまりに両者の音が異なるため、「ちひろ」から「せん」へ、ただ違った名前になったような印象で終わってしまう恐れがある。

それを映画では、契約書上の文字をアップで見せて、「千尋」から「尋」という文字が奪われ、ふわりと消えて「千」になるのが目で見てわかるように描かれているのだ。「千尋」と「千」という対比があってこそ、名前が奪われるという重大な事実が子供にもすんなりと理解できるわけで、さすがの演出である。

もう一つ、このシーンでは面白い描写がある。

契約書にサインするとき、「荻野千尋」という名前の「荻」の字の「火」の部分を、千尋は間違って「犬」と書いてしまうのだ。「おぎのちひろ」のようでいて「荻野千尋」ではない署名——ここで名前の漢字を書き間違えたから、千尋は湯婆婆に完全に支配されずにすんだのではないか、というのがジブリ好きの間のもっぱらの意見だ。

さまざまな暗喩がちりばめられている『千と千尋の神隠し』。遠い昔の古代日本から時代を超えて、細々ながらも綿々と今に受け継がれている言霊文化は、宮崎駿監督が現代に描き出したその神話的世界にも、しっかりと焼き付けられていた。

ビジネスシーンの「忌み名」

かたや現実の世界では、先に挙げた「忌み言葉」はあっても、さすがに「忌み名」まではないな、といったんは思ったのだが、よくよく考えたら、他人の名前を呼ぶのをはばかる風習は、案外身近に根強く残っていることに気づいた。

ビジネスシーンでは、目上の相手に対しては、「社長」「部長」「課長」などと役職名で呼ぶ。学校や病院の場合は、「先生」だ。これは、現代の実名敬避ではないだろうか。

自社のトップである社長のことを「山本さん」などと苗字で呼ぶ部下はまずいないだろうし、ましてや「正雄さん」とか、下の名前で呼ぶことはありえない。『釣りバカ日誌』の万年ヒラのお気楽なハマちゃんだって、みんなの前では勤務先の会社社長のことを「スーさん」とは呼ばない。それが会社の常識というものなのだ。

ビジネス社会でなくても、目上の人に対してはファーストネームで呼ぶのは遠慮するし、年下の相手に対しても、たいてい「福田くん」などと苗字で呼ぶはずだ。

自分が呼ばれるときのことを考えても、親しい間柄や好きな相手からならファーストネームで声をかけられると嬉しかったりするものだが、全然親しくない人が口にしようものなら、「なれなれしすぎじゃないか？」と感じてしまう。とくに女性は、相手によっては「セクハラ」されたような気分になることさえある。

別段、それによって相手の支配下に置かれてしまうとか、実名の神秘的な力が失われてしまうとか、思うわけではないけれど、大人の社会では、ファーストネームを呼ぶことを許容できる相手はそんなに多くはないのだ。

私たちはどうも本能的に、相手のファーストネームを軽々しく口にすることを避ける傾向にある。祖先たちが抱いていた実名敬避的な観念もまた、なんとなくの〝気分〟というものに姿を変えながらも、継承されているということになりそうだ。

ちなみに、女性同士の場合は、ファーストネームで呼び合うことがしばしばあるが、それは、こうした心理があるからこそ、協調性を大事にする女性社会ではあえてファーストネームを呼ぶことで、お互いが親しみを感じているのを確認し合う意味があるのではないかと思う。

この世で一番短い呪

ここまで見てきたように、古来、日本人にとって名前とは、単なる記号などではなく、かくも特別な不思議な力を宿しているものなのだ。

平安時代の陰陽師、安倍晴明が活躍する伝奇小説『陰陽師』（夢枕獏著・文春文庫）の冒頭で、晴明が親友の源博雅と酒を酌み交わしながら、「呪《しゅ》」について語っている。

「呪」とは、形のないものを言葉（言霊）によって縛ること。人間は、人に名前をつけるのはもちろん、山とか、海とか、樹とか、草とか、虫とか、あらゆるものに名前をつける。その名が、ものの根本的な在様《ありよう》を縛る――と、晴明は言う。

「この世に名づけられぬものがあるとすれば、それは何ものでもないということだ。存在しないと言ってもよかろうな」

「眼に見えぬものがある。その眼に見えぬものさえ、名という呪で縛ることができる」

「男が女を愛《いと》しいと想う。女が男を愛しいと想う。その気持ちに名をつけて呪《しば》れば恋」

たしかに、晴明が言うとおりだ。

「この世で一番短い呪とは、名」なのである。

人は生まれ、名づけがされる。それは親から子供への最初のプレゼントだが、その名前は、その子に生涯つきまとい、その子の運命をも左右する。それはある意味、名前という「呪」をかけられているといっても過言ではない。

しかしまた、人は、その「呪」に縛られると同時に、名前をつけられ呼ばれることで初めてその人として存在できるともいえる。縛るものは、同時に絆でもあるのだ。

言霊による「祈り」と「呪い」

この二重性は、やまとことばの古語「のる」と「のろふ」にも通じている。

大野晋編『古典基礎語辞典』（角川学芸出版）によれば、「のる」（宣る・告る）とは、「ふつうは口にすべきではない占いの結果や自らの名前を、神や人の前で明かして言う意を表す。いわば、呪力をもった発言である。自分の願いを神に明かすことをいうイノル（祈る）のノルもこれである。（中略）中古以降、ノルはナノル（名告る）という形で残るだけになり、衰えた」とある。

さらに「のろふ」（呪ふ・詛ふ）は、「禁忌であることを口にする動詞ノル（中略）に、反復・継続の意を表す助動詞フが付いて転じたもの。みだりに口にすべきでないことを何回も繰り返して言う意」という。

つまり、「のる（告る）」も「のろう（呪う）」も、根っこは同じ。どちらも言霊に託して声に出して言うことを指していた。

古代、言霊の力を信じていたからこそ、「祈り」が生まれ、「呪い」も生まれた。それほど当時の人々の言葉の霊力への信頼は並外れたものがあった。そして、そんな言霊文化を受け継いでいる現代の私たちにとっても、名づけとは、「祈り」と「呪い」の両義性があるものなのである。

それを思うと、子供の名前をつけるということが、いかに責任の重いものか痛感せずにはいられない。

本章で見てきたように、名づけは日本語の太古の森の深みにつながっている。私たちは誰しも、日本語を使う以上、先人たちの祈念や情念、欲望がさまざまに積み重なる過去と無縁ではいられない。

言葉には、悠遠な過去の記憶が凝縮されている。古来受け継がれてきたそうした言葉の力を侮ることなく、名前そして言葉そのものに向き合わなければならないと切に思う。なにしろ、この森でうかつに遊んでしまうと、子供の未来の幸せを願う「祈り」が「呪い」に転じてしまいかねない。名づけの際には、どうかくれぐれもご注意を。

☆中国の驚きのキラキラネーム「@」

日本でこれほどキラキラネームが増殖している昨今、ほかの〝漢字の国〟はどうなっているのだろう。今や〝漢字の国〟というより〝ハングルの国〟の韓国では、二〇一二（平成二十四）年に反日イベントとして竹島への水泳リレーを敢行した俳優ソン・イルグク（漢字表記：宋一国）が、自身の三つ子の息子に「大韓（テハン）」「民国（ミングク）」「万歳（マンセ）」と名づけたと報じられたことがあった。その愛国的命名に唖然としたが、よくよく記事を読むと、「胎児名」とのこと。最近のパパママは日本でも、胎児に「あーちゃん」（赤ちゃんの「あ」から）とか、「こっこ」（「この子」が転じたもの）などとニックネームで話しかけるという。この場合も、実際の名前は違うのだろうとホッとしたが、漢字の母国、中国では、実際の名が凄まじいことになっているようだ。

Ｙａｈｏｏ！ニュースが二〇〇七年八月に配信した記事によれば、中国教育省は「中国言語生活状況」報告の中で、「@」「-A」など記号やローマ字を使った名づけをする親が出現したことを明らかにしている。「@」は、中国では「愛他（アイ・ター）」と呼ばれるらしいが、名前として実際にどう発音されているかは不明。ほかにも、「性福（絶倫）」とか、欧米人の名前を音訳したような「傅蘭克（フランク）」などもあるという。

第五章　「読めない名前」の近代史

「読まない名前」と「読めない名前」

鬱蒼とした言葉の森に分け入って名前の歴史をたどってみると、日本語の字訓の特殊性ゆえに、近世以前の名乗りは初見ですんなり読めないことのほうがむしろ当たり前のような気さえしてくる。

しかも、前近代の人々（おもに支配階級の身分の男性）は、現在の私たちのように生まれたときからずっと一つの名前を使い続けていたわけではなく、人生の節目で名前を変更。成人男性は「実名《じつみょう》」（諱《いみな》）と「仮名《けみょう》」（通称）を使い分けていた。現代のキラキラネームでは「読めない」という点が問題とされ、大きな論議を呼んでいるが、この実名というのは、あえて「読まない」名前なのである。

第三章で、キラキラネームばかりの奇妙な名前をつけられた織田信長の子供たちの話をした。九七ページでは、その一人である「茶筅丸」が長じて名乗った実名「織田信雄」に「おだ・のぶかつ」とルビを振ったが、これも「のぶお」という説があるほか、江戸時代中期の国学者、天野信景《さだかげ》の随筆集『塩尻』には、「のぶよし」という説が唱えられているという。

そうかと思うと、通称のほうなら、たとえば「三介（さんすけ）」が文字違いの「三助」になっても問題はない。「じろう」という通称が「次郎」でも、「二郎」でも、はたまた「治郎」でも平気だった。通称は呼び名だから、それぞれ、「さんすけ」「じろう」と読めればよく、漢字表記にはこだわらなかったらしい。他人ばかりか、本人さえも、同音異語の漢字を書くことすらあったようだ。

現代では、何事につけても統一と整合性が求められるが、前近代においては、そんなことはおかまいなし。実名の文字が正しく書かれ、通称の音が正しく呼ばれたら、あとは細かいことは言わないのだ。

「読めない」と「読まない」――たった一字違うだけでも、見える景色がまったく異なる。そこで、本章では、こうした名前事情に大変革が起こった明治以降の名づけを見ていこう。

人名にも明治維新が起こった

実名、仮名取り混ぜて一人でいくつも持っていた名前が、一人につき「苗字一つ、名前も一つ」と改められたのは、明治に入ってすぐのことだった。人名の上にも、明治維新が起こったのだ。

近代国家として歩み出した明治新政府は、一八七〇（明治三）年九月、平民が苗字を公称することを許すという布告（平民苗字許容令）を出した。四民平等の理念に基づく身分制度改革とともに、国家が直接、国民を把握・管理して徴税や徴兵を行うためにも、戸籍を整えておく必要があったからだ。

一八七一（明治四）年四月には戸籍法を制定。華族以下平民に至る臣民一般に戸籍の登録を義務づけた。そして翌一八七二（明治五）年一月から全国一斉に調査を実施して、同年中にはいちおう戸籍簿が編製された。これが、その年の干支にちなんで「壬申《じんしん》戸籍」と呼ばれる、日本で最初の全国統一様式の戸籍である。

その過程において、同年五月に、「従来通称名乗両様相《あい》用《もちい》来《きたり》候《そうろう》輩自今一名タルベキ事」という太政官布告が出された。要するに、これまでは通称と実名の両様の名前を用いてきたが、それでは混乱してかなわないので、今後はどちらか一つの名前にせよ、という命令だ。これによって、戸籍には一つの「氏」と一つの「名前」が登録され、この戸籍名をもって個々人が識別されるようになったのである。なかなか苗字を名乗ろうとしなかった平民に対しても、念押しの平民苗字必称義務令が一八七五（明治八）年に出され、かくしてすべての国民に新しい氏姓制度が徹底されることとなった。

こうして、現在につながる「一人＝一氏＋一名」のルールができた。やれやれ、これで近代的な名前に整備され、「読めない個性的な名前」についても、現代と同じ土俵で考えることができる……と思いきや、名前事情はすっきりするどころか、むしろ過渡期ゆえの大変な混乱ぶりを見せる。

国の制度はもちろんのこと、産業・経済から教育・思想・文化、そして風俗に至るまで、文明開化の波にさらされて激変したこの時代、名前をめぐっても、それはもういろんなことが起こったのだった。

名前のデパート、伊藤博文

近世から近代に移行する時期の名前にかかわる紆余曲折を一人で体現している人物が

いる。初代内閣総理大臣にして、長らく千円札の顔となっていた伊藤博文《いとうひろぶみ》だ。

一八四一（天保十二）年生まれの伊藤博文の幼名は、「利助（りすけ）」（「利介」とも「利輔」とも書かれたとされる）。この「利助」は「としすけ」とも読めるので、それと同じ訓の「俊輔」に改名した。その後、今度は「俊輔」が「しゅんすけ」とも読めるところから、同音で「春輔」に変更。さらに、これを音読みすると「シュンポ」となる。そこから号は「春畝」としたという。

同じ漢字でも音訓によって読みが異なるため、それを足がかりにして、音つながりで漢字を次々に書き換えていったわけだ。これは松下村塾時代に一緒だった高杉晋作のアドバイスによるものだったらしい。

ここまでは旧来の〝変則技〟だが、維新後は、自らが新政府の中枢にいたこともあって、率先して新しい氏姓を名乗った。それが、現在この人のことをいうときに表記する「伊藤博文」という名前である。これは実名（諱）の「博文」を用いたものだ。

それ以前は「越智宿禰《おちのすくね》博文」という物々しい名を称していたともいわれる。九五ページの「織田信長」の例でいうと、「織田・弾正忠《だんじょうのちゅう》・平《たいらのあそん》朝臣・信長」の「平朝臣信長」の部分に当たる。

もっとも、歴史学者の角田《つのだ》文衛《ぶんえい》氏によれば、実際に「越智」を氏《うじ》とする氏族の末裔ということではなく、偽系図によるものなのだという。箔をつけるため、こうした偽系図はよく作られていて、大久保《おおくぼ》利通《としみち》は「藤原朝臣利通」、大隈重信《おおくましげのぶ》は「菅原朝臣重信」、西《さい》郷隆盛《ごうたかもり》は「平朝臣隆盛」と称していたという。彼らの「藤原朝臣」「平朝臣」などに比べると、「越智宿禰」というのはこの当時にはたいした姓ではなかったが、伊藤博文の家は身分も低く、貧しかったから、偽系図を作るときに安くすまそうと思って、この姓にしたのだろう、と角田氏は推察している。

さらに、幕末には敵方に命を狙われる危険性が高かったためか、変名を使っていた志士が多いが、伊藤博文もまた例外ではなく、「越智斧太郎」「花山春輔」「花山春太郎」「吉村荘蔵」「林宇一」など、いくつもの変名を使っていた。一八六四（元治元）年にイギリス留学から帰国して日本に上陸する際には、外国人のような「デポナー」とも名乗ったというから恐れ入る。

名前の文字換えに始まって、多名もここまでくると、名前で楽しんでいるふうにさえ感じられる。肖像写真が立派なヒゲの威風堂々とした姿をしているので、いかめしいイメージがあるが、陽気で冗談好きな人物だったという評も残っており、素顔は案外、茶目っ気のある人だったのかもしれない。

もっとも、これは「一氏一名」が染みついた現代の感覚で見ているがゆえの感想である。本当のところは、伊藤博文だけが一人特別というわけではなく、昔の名前(通称)というのは案外そんなものだったのだろう。なお、「伊藤博文」は「いとう・ひろぶみ」という訓読みのほかに、「ハクブン」と有職読みをされることも多い。

西郷隆盛は間違いから生じた名⁉

さて、戸籍に登録した名前以外、ほかの名前を正式の名前として使うことが禁じられた明治の人々。それまで複数の名前を持っていた人は、「実名」をとるか、「通称」をとるか、選択を迫られた。

このとき、伊藤博文は実名をとったわけだが、前出の大久保利通、大隈重信、西郷隆盛も実名を選んでいる。大久保利通は、初めのうちは通称が「正助」、実名が「利済」だったが、のちに通称「一蔵」、実名「利通」と改めていて、実名の「利通」をとった。大隈重信も通称「八太郎」ではなく、実名の「重信」。西郷隆盛も通称「吉之助」ではなく、実名のほうを選んだ。

もっとも、この「隆盛」という名、本当は彼の実名ではなく、届け出の際に間違いで名前が変わってしまったものだった。

じつは、王政復古の功によって西郷に位階を授けられる際、不在の西郷に代わって友人の吉井友実《よしいともざね》（この人も実名派）が西郷の実名を届け出ることになったのだが、このときに吉井が間違って、西郷の父親の実名である「隆盛」で届け出てしまった。本人の実名は、元服時には「隆永《たかなが》」、のちに「武雄《たけお》」と改名していたが、この届け出以降は、間違いに合わせて「隆盛」を実名としたのだという。

当時は、長年の友人でも実名を口にすることはせず、お互いに通称で呼び合っていたから、こんな勘違いも起きたのだろう。

さらに驚くべきことに、弟の西郷従道《じゅうどう》も実名派なのだが、この人も届け出時に間違えられている。従道は、通称を「信吾」（慎吾）、本当の実名は「隆興」といった。届けは自分自身でしたものの、役人に口頭で「リュウコウ」と音読で伝えたのが、「ジュウドウ」と聞こえたらしく、役人は「従道」と書きとってしまった。ところが、本人はさして気にも留めず、そのまま「従道」で通してしまったのだという。

兄弟揃って鷹揚だったというか、あまりにもアバウトというか。だが、明治の戸籍登録にあたっては、これに似た悲喜劇はさぞや多かったに違いない。

ところで、名前の登録の際、実名を選んだ人ばかりではない。中には、通称を選んだ人もいた。板垣退助は、実名は初め「正躬《まさみ》」、あとで「正形《まさかた》」としたが、そのどちらでもなく、通称の「退助」のほうを登録している。三菱財閥の創業者である岩崎弥太郎《やたろう》も、通称派だった（実名は「敏」、のちに「寛」）。

坂本龍馬の「龍馬」は通称で、実名は「直陰《なおかげ》」といい、のちに「直柔《なおなり》」と改めていた。もし暗殺されずに維新後まで存命だったら、果たして彼は実名と通称のどちらを登録しただろうか。もしも実名を選んだとしたら、後世には、「坂本龍馬」ではなく「坂本直柔」という名前で知られることになる。だがそうなると、司馬遼太郎の小説でＮＨＫ大河ドラマにもなった『竜馬がゆく』も、タイトルが『直柔がゆく』になってしまう。それではどうにもパンチに欠ける。やっぱりこの人には「龍馬」が似合う。

難読苗字も続出

名前に劇的な変化がもたらされたのは、幕末の志士たちに限った話ではなく、むしろ平民のほうが上を下への大騒ぎになった。なにしろ平民苗字必称義務令が出されて、全国民が「何之誰某」という具合に苗字と名前を戸籍に登録せよ、と強制されることになったのだ。いきなり新しい形式にのっとった名前を求められた平民は、たいそう戸惑って右往左往したに違いない。

現在の歴史学の定説では、近世中期以降、大部分の庶民は私的には苗字を持っていたといわれているが、その〝隠し苗字〟がわからなくなってしまったり、苗字を持っていなかったりした場合は、新たに創氏された。所在地にちなんだ苗字、商売や屋号に由来した苗字などのほか、偉い人の苗字を真似たり、檀那寺の和尚に考えてもらったり、さまざまに工夫して多様な苗字が生まれた。いわゆる「難読姓氏」とされる苗字の多くも、このときに創られたといわれている。

山がない里なので月が見えるということから、「月見里」と書いて読みは「やまなし」とか、鷹がいないので小鳥が遊べる、だから「小鳥遊」と書いて「たかなし」といった落語のネタのような珍名もできたとされる。

日本の苗字は二〇万とも三〇万ともいわれ、その数の正確なところはよくわかっていないそうだが、膨大なバリエーションがあるだけでなく、明治期以前にまで起源をたどれるものも含めて、「目（さつか）」「一寸木（ちょっき）」「及位（のぞき）」「八月一日

（ほづみ）」「栗花落（つゆり）」「樹神（こだま）」「四十八願（よいなら）」「部田（とりた）」「一尺八寸（かまつか）」「子子子（ねこし）」「十二仏（おちぶるい）」「十八女（わかいろ）」などなど、初見では読み方が想像つかない苗字がとにかく多い。

読めないという点が批判されるキラキラネームだが、社会生活においては苗字のほうが、下の名前より断然出番が多い。社会人になって他人に読んでもらえなくて困るのは、むしろこうした難読苗字を受け継いだ子孫の方々なのかもしれない。

明治期のすさまじい造語力

当時は、当用漢字や常用漢字といった〝漢字制限〟がなかった時代である。字種にしても、音訓にしても、フリーハンドの自由さがあった。自由というと聞こえはいいが、国民全体の識字の程度は高いものではないうえに、手書きの崩し字が普通だったから、本来なら誤字とされるような字が平気で戸籍に登録されたり、読みも方言によるものだったり自己流だったり、要するに、すこぶるテキトーだった。そういう意味では、珍しい苗字の難読度は、キラキラネームどころの話ではなかったともいえそうだ。

おまけに明治期には、先進の西洋文明が怒濤のごとく流れ込んできた。それまでにない西洋の文物や新しい概念に対して、最近ではカタカナ表記ですまされることが多いが、当時は、そのつど新しい漢語を造って対応した。「文明」「文化」「思想」「哲学」「科学」「法律」「経済」「合理的」「思考」「価値」「人格」「理性」「感性」「現象」――こうした和製漢語はどれも、幕末以降に知識人らによって新しく造語されたものだ。

そもそも日本人は、古代から異国の文字である漢字をやまとことばに翻訳して訓読みしてきた民族である。中国の代わりに西洋から新しい言葉が押し寄せてきても、どんな外来語も同じようにねじ伏せて、意味に合う漢字を組み合わせては新しい日本語の言葉を創っていったのだ。

欧米列強に〝追いつけ追い越せ〟と急ピッチで近代化を推し進めた日本人が、凄まじい勢いで西洋文明を消化・吸収していけたのは、こうした和製漢語によって近代的な概念を理解することができたからともいわれている。

明治期以降の文学作品などでは、「洋杯（コップ）」や「洋卓、卓子（テーブル）」「手巾、手帛（ハンカチ）」「洋袴（ズボン）」「襯衣（シャツ）」「隧道（トンネル）」「珈琲（コーヒー）」など、舶来の品を漢字表記する熟字訓も数多く見られる。

国名は万葉仮名で

一方、外国の国名や地名には、「亜米利加（アメリカ）」「英吉利（イギリス）」「仏蘭西（フランス）」「露西亜（ロシア）」「伊太利（イタリア）」「独逸（ドイツ）」といった具合に万葉仮名風に、外国語の発音に近い音を持つ漢字を当て字する手法が用いられた。今でも「米」「英」「仏」「露」「伊」「独」あたりは、目にする機会が多いから、ほとんどの人が読めるだろうが、「諾威」「牙買加」「丁抹」「伯剌西爾」「西班牙」などの漢字群には、これらがじつは国名で、それぞれ「ノルウェー」「ジャマイカ」「デンマーク」「ブラジル」「スペイン」と読むと言われても、戸惑うばかりなのではないだろうか。

外国の都市名には、「巴里（パリ）」や「倫敦（ロンドン）」のように音に近い漢字を当てた表記以外に、まるでナゾナゾのような表記もある。

たとえば、「オックスフォード」は「牛津」と書く。それは、「Ｏｘｆｏｒｄ」の「ｏｘ」が「牛」、「ｆｏｒｄ」が「浅瀬」を意味することから、「牛の浅瀬」↓「牛の津」↓「牛津」となったものだ。オックスフォード大学とともに英国の最高学府の双璧を成すケンブリッジ大学を有する「ケンブリッジ」は、「Ｃａｍｂｒｉｇｅ」の「ｃａｍ」を音訳した「剣」に、「ｂｒｉｇｅ」を意味する「橋」をつけて、「剣橋」と表された。

このように明治期にあっては、日本語の語彙の体系が変化するほどたくさんの新しい言葉が次々に創り出されていった。さまざまな手法で生み出されるこうした造語の勢いが、命名の文字遣いにおいても影響を及ぼさないはずがなかった。当時の名前では、先に紹介した難読苗字ばりの、自由気ままな名乗りがなされていた。

衝撃！　近代の名乗りワールド

苗字のほうは一八九八（明治三十一）年に改正戸籍法が公布され、みだりに苗字を新設することが禁じられたので、これをもって打ち止めとなった。しかし、「氏名」の「名」のほうはその限りではなく、その後も制限されることはなかった。

その頃の名づけを知る手がかりになるのが、一九五九（昭和三十四）年に出版された『名乗辞典』（荒木良造編・東京堂出版）である。

奥付によると、編者の荒木氏は明治四十三年に東京帝国大学国文科を卒業、大正七年から昭和十八年にかけて同志社大学教授兼図書館長を務めた人物だという。本書には、古代からの歴史的人物の名乗りが多く収録されているほか、同時代人の名前についても、『大衆人事録』『学士会員氏名録』『職員録』など多様な名簿にあたって丹念な調査がなされている。

名簿の発行年は、昭和十年代から三十年代初めのものが多いので、そこに掲載されていた名前の持ち主は、その時点で成人だったとすると、だいたい明治期から昭和初期の生まれの方々がメインということになるだろうか。

読み方が極度に難しい場合は、編者が本人や家族に直接問い合わせて確認したというのだが、リストアップされた名前を見ていると、そりゃ問い合わせないわけにはいかなかっただろうなと深く納得してしまう。とにかくパラパラとページを繰っていくと、意表を突かれる名前がズラリ。そのディープな名前ワールドには度胆を抜かれる。

「まえがき」の中で、内容説明としていくつかサンプルが掲げられているので、「かわったよみ方の例」という項を紹介しよう（近代名以外は省略）。

【男名】
恰（あたか）　術（てだて）　運（はこぶ）　文（ふみし）
嚚（しずか）　寿（としなが）　濯（あろう）　松（ときわ）

【女名】
薫狼（かおろ）　十九（とみちか）　六花（ゆき）　真善美（まさみ）
香魚音（あゆね）　一四明（かずしめ）　捨鍋（すてなべ）　毛生（けお）
日露英仏（ひろえ）

男性の名前のほうは、言われてみれば、名乗りの理屈はわからないではない、というものが多いが、しかし、「嚻」という字の訓読みは「かまびすしい」である。それが「しずか」とは……。これでは、字義と読みが正反対ではないか。

一方の女性の名前は、破壊力があるものばかりだ。そもそも、とても女性の名前には見えないものがほとんど。「捨鍋」とか「毛生」なんて、親はいったいどういうつもりだったのだろうか。これなど、第一章で実在を疑った現代のキラキラネーム「煮物」にも似たアナーキーな印象である。しかも、こちらは確実に実在していた名前なのだ。

「真善美（まさみ）」にしても、語自体はプラトンのイデア論の「真・善・美」と格調高いが、これはこれで名前には大仰すぎて、名前負けしそうだ。また、「日露英仏」はこの四カ国で同盟関係を結びたかったのだろうか。最後の「仏」は音としては読まないのに、わざわざ置き字して参加させている。

この中では、「六花（ゆき）」は、雪の結晶が六角形の花のように見えるところに由来していると想像でき、読めないながらもイメージはとてもきれいだ。しかし、これは、第二章の「キラキラネームの〝方程式〟」の項で説明した「オリジナルの熟字訓を創作する」と同じ方式である。

キラキラネームの〝方程式〟は、ほかにも多用されている。こうした造語法というのは、じつは年季が入っていて、古くから用いられてきたものなのだ。

編者もうんざり

「読めない名前」をめぐる当時の混乱ぶりは、相当なものだったらしい。「名前のよみ方は、漢字（表意文字）の使用を、立前としてきたわが国では、煩雑きわまりない結果を生んで、第三者をなやまし続けてきた」（原文ママ）という書き出しで始まる「まえがき」には、こう書かれている。

五万に近い漢字（大漢和辞典によると四九七〇〇）のうち、どれを取ろうと自由であるし、漢音・呉音・唐音なども、どれを取ろうと自由であるし、訓よみにしても、第一義はもとより、第二義第三義およびその各々の派生した意義のうち、どれを取ろうと自由であるし、その上さらに、よみ方の一部が略されたり（正泉《マサズミ》、イズミのイ略）（都《ト》操《サオ》、ミサオのミ略）熟語の一部をかりて来たり（酒喜男《ミキオ》、御酒《ミキ》のミ）（税《チカラ》、主税《チカラ》の全部）また、戯訓とでも称すべきもの（吾をゴロウ）（不知子《イサコ》、いざ知らずのイサ）などがあって、名前のよみ方の壁は、よういに突破されそうもない。

どんな字を使っても自由。音も訓も自由。勝手な造語も、やり放題の自由。とにかくすべて自由につけられていたわけだから、さもありなん。「御酒（みき）」から「酒」を取り出して、それに「みき」の「み」の音を当て、「酒喜男」を「みきお」と読ますとは、たしかに名前の読み方の壁は高い。

一九四六（昭和二十一）年に当用漢字が制定され、その五年後に人名漢字が追加登録されて、一九五九（昭和三十四）年の出版時には、当用漢字一八五〇字＋人名用漢字九二字、合計一九四二字のみを名づけ用漢字とすると制限されていたが、編者は「今後は名前のよみ方の煩雑さも、よほど軽減されるであろう。しかしこの制限以前の人が、まだ九割以上もいるので、当分は苦労しなければならぬ」と、辟易気味である。

戦前の〝キラキラネーム〟たち

まえがきの抜粋はこのくらいにして、辞書に収録されている名前を見ていこう。名前ごとに出典文献名が添えられているので、それを参考に古い時代の人ははずして、キラキラ度が高いと思われる近代人名を紹介しよう（男性名には「・」、女性名には「＊」の印を語頭につけた）。

まずは、現代のキラキラネームの「空翔（あとむ）」に匹敵するのではないかと思ったものから――。

＊紅玉子（るびこ）　　・元素（はじめ）

今では「紅玉」を「ルビー」と読めるとは限らないから「リンゴっ子」のように感じる人もいるかもしれないが、「紅玉子（るびこ）」の「紅玉」は、宝石のルビーを漢字表記したもの。だからオリジナルの熟字訓ではないものの、英語圏で女性の名前としてもよく使われている「Ｒｕｂｙ」をそのまま採り入れた、ハイパーハイカラな名前だ。それに「子」をつけたことで、いっそう奇天烈な感じになってしまっている。

「元素」で「はじめ」も、秀逸。名前らしくはないが、先進の気風が感じられ、現代の個性的な難読名としてもそのまま使えそうだ。ちなみに、「元素」というのは、江戸時代後期に活躍した宇田川榕菴《うだがわようあん》という蘭学者が考案したとされる熟語である。

現代のキラキラネームならば、ネット上でＤＱＮと叩かれてしまいそうな、こんな名前の方たちもいた。

・嗚呼老（あおい）　・珍男子（うずひこ）　・善悪男（さがお）

・老夫（おきな）　・禿（かむろ）　・何恵（いずえ）　＊無子（なしこ）

＊〆子（しめこ）

最初の「あおい」は、音の響きは美しいのだが、「嗚呼（ああ）」という感嘆詞と「老（おい）」を組み合わせる意図が私には理解不能。以降も、「珍（ちん）」とか「禿（はげ）」とか「無（ない）」とか、なんだか前途多難なものを感じさせるお名前ばかりである。みなさん、健やかな人生を送られたのだろうか。

さらに、フルネームで「東 西南北」（東しなた）という冗談のような名前も……。苗字と名前でポーカーのロイヤルストレートフラッシュを作って、さあどうだ！ と自慢している風情で、申し訳ないが、これをつけた〝親の顔を見たい〟と思ってしまうレベルである。「西南北」を「しなた」と読むのは、「西（にし）」の「し」＋「南（みなみ）」の「な」＋「北（きた）」の「た」。まさに、キラキラネームの〝方程式〟「訓読みの一部を切り取る」の典型的な使用例といえるものだ。

こんな記号のような名前もあった。

・凸（たかし）　・｜（すすむ）

「凸」は「トツ」、「｜」は「コン」という音を持つレッキとした漢字である。失礼ながらちょっと人名とは思えないが、前者はフルネームで「叶凸（かのう・たかし）」さんとおっしゃって、一九四七（昭和二十二）年第二十三回衆議院議員総選挙で当選なさった国会議員。調べたら、国会議員白書にちゃんと記録が残っていた。後者は、「松岡｜

（まつおか・すすむ）」さんとおっしゃる学士のお名前だったとある。

しかし、これで驚いていてはいけない。まえがきには、一九二三（大正十二）年にローマ字書きの名前が禁ぜられ、一九三〇（昭和五）年に符号字の名前「、（しるす）」「〇（まどか）」「×（おさむ）」が禁ぜられた、と記されている。ということは、そう、それ以前はそんな名前まで存在していたわけだ。

漢字で書いた洋名

現代のキラキラネームでも、第一章で紹介した「芯次威（しんでぃー）」をはじめ、「織美亜（おりびあ）」「亜梨朱（ありす）」「蓮音（れおん）」「磨亜駆（まあく）」「頼斗（らいと）」など、外国でも通用しそうな音の響きの名前をよく見かける。

当時も、欧米への憧れがあり、いや、それは今以上に強かったようで、この類の名前も荒木氏編の『名乗辞典』には多く収められている。

・亜幌（あぽろ）　・亜歴山（あれきさんどる）　・拿破崙（なぽれおん）
・六十里二（むそりに）　・丸楠（まるくす）　＊瑠以是（るいぜ）

私がこれら以上にビックリしたのは、男性「七分（すちぶん）」、女性「真柄（まがれっと）」だ。前ページに列記した名前は、音の響きに漢字を当てはめた、いかにも「当て字」という感じがするので、まだしも類推しやすいが、「七分」は「しちぶ↓すちぶん↓スティーブン」と転訛している。これはいくらなんでも訛りすぎではないか。「真柄」も、この漢字から「マーガレット」と読むなんて、初見では絶対に思いつかない。

偉人たちの奇抜な名づけ

「漢字で書く洋名」といえば、よく引き合いに出されるのが、文豪、森鷗外の命名だ。この人は長男の「於菟（おと）」を筆頭に、長女「茉莉（まり）」、次女「杏奴（あんぬ）」、次男「不律（ふりつ）」、三男「類（るい）」と名づけている。漢字の音訓自体は無理読みではないが、音の響きが斬新。「オットー」「マリ」「アンヌ」「フリッツ」とカタカナでフリガナをつけたくなるような、外国人風の名前だった。

本章初めに述べた、戸籍登録にあたって「実名」か「通称」かの選択を迫られた際、鷗外は通称を選んでいる。ただし、「鷗外」が通称ではない。これはペンネーム。一八六二（文久二）年生まれの鷗外は、壬申戸籍の登録時には一〇歳そこそこだったが、すでに「高湛（たかしづ、たかやす）」という実名も持っていた。しかし彼は通称の「林太郎（りんたろう）」のほうを選択して、戸籍上の本名は「森林太郎」となっている。

ところが、この「林太郎」が留学先のドイツで正しく発音されなかった。そのため、これからの国際化の時代、日本人の名前も外国人になじみやすくなければ、と子供たちにドイツでポピュラーとされる名前をつけたといわれている。

子供たちは名前でイヤな思いをしたことはなかったと見えて、たとえば「於菟」家の長男は「眞章（まくす）」、次男「富（とむ）」、三男「礼於（れお）」、四男「樊須（はんす）」、五男「常治（じょうじ）」――と、次の代の孫たちも同様の命名がなされている。

森鷗外家の場合は、こういう名前をハンデとせず、子供たちにしろ、孫たちにしろ、みんな優秀なDNAを見事に引き継いで、目を見張るばかりの超エリート揃いであったのも、また有名な話である。

ほかにも、著名人では、一一人の子宝に恵まれた与謝野鉄幹と晶子夫妻（正確には一二人出産、六男が生後すぐに死亡）のネーミングのセンスも、独特だった。

パリに渡った経験から、四男は「アウギュスト」、五女には「エレンヌ」というカタカナ名をつけている。鉄幹の女性関係はスキャンダラスだったが、晶子が産んだのは鉄幹との子供であり、生粋の日本人だ。カタカナ名だからといって、ハーフだったわけではない。さらに次男の「秀」（政治家の与謝野馨《かおる》氏の父親にあたる）は、一見ノーマルな漢字名に見えるが、じつはこちらもレアな名乗りを用いて、「しげる」と読む。

一八九六（明治二十九）年生まれで、大正から昭和にかけて活躍した作庭家の重森三玲《しげもりみれい》の子供たちも、ヨーロッパの偉大な文化人路線の名前である。

長男「完途（かんと）」は、ドイツの哲学者カント。

次男「弘淹（こうえん）」は、ドイツのユダヤ人哲学者コーエン。

長女「由郷（ゆーご）」は、『レ・ミゼラブル』で知られるフランス人作家ユーゴー。

三男「埶氏（げーて）」は、『ファウスト』などで著名なドイツを代表する文豪ゲーテ。

四男「貝崙（ばいろん）」は、イギリスの詩人バイロン――にそれぞれ由来する。

漢字で書く豊かさと煩雑さ

さて、もう一度、荒木氏の『名乗辞典』に戻ろう。

オール・フリーからくる名づけのハチャメチャぶりを前にして、まえがきでは、「当用漢字人名用漢字の制定は、われわれの立場からみると、世紀の改革といわねばならぬ」と記し、漢字制限に賛意を表していた荒木氏だったが、巻末の「あとがき」には、このようにも述べている。

漢字ははんさだ（煩瑣だ／引用者注）不便だ漢字を廃止して、ローマ字にせよという極端論もあるが、名前に関するかぎり、よみ方には難癖はつけられるが、さらばといって、これを仮名でかいたり、ローマ字に綴ったりしたのでは、単に符牒たるにとどまって、いわば砂をかむようで、なんらの色つやもなく、趣きもわいてこぬ。これを漢字でかけばこそ、興味ゆたかな芸術味を感じる。

荒木氏によれば、たとえば「のぶ」と読む漢字は一四四あるという。「悦」「覚」「業」「寿」「修」「文」などは、どれも「のぶ」と読める。それらの文字をじっと見ていると、漢字そのものが持つ特殊な意味が連想されて、仮名書きやローマ字綴りでは味わわれないものが、名前「のぶ」の本体であるかのように思われる、と氏は述懐する。

そして、こう続けている。

名付けの際、この字を「ノブ」とよませた名付心理には、やむにやまれぬ一種の衝動の、ひそんでいたことを、認めねばならぬ。結果は他人の利益を、害するかも知れぬが、名付心理としては、すてがたいもののあることを、承知せねばならぬ。

他人が多少違和感を覚えようとも、子供の名前はこの音の響きでなければならない。他人には読みにくかろうとも、この漢字で表記しなければならない——荒木氏が指摘する、そんな「やむにやまれぬ衝動」は、キラキラネームをつけてしまう現代の親の心理にそのままつながっている。

漢字で書くからこそ表せる意味の世界と、さまざまに読むことができる多様な音訓。私たち日本人はいつの時代も、そんな表記と読みのズレが織りなす豊かさと煩雑さの狭間で翻弄されながら漢字で名前をつけてきた。これは、どうにも避けがたい現実だったようだ。

☆英語圏のDQNネーム事情

やはり命名事情にもグローバル化が進んでいるらしい。日本だけでなく、英語圏でも人とは違う個性的な名前をつけたい親は多いようだ。

二〇一三年五月一日にAFP通信が伝えたところによると、ニュージーランド当局は申請を却下した赤ちゃんの名前七七件を公開した。内務省が却下した赤ちゃんの名前には「Lucifer（＝ルシファー、悪魔）」、「Mafia No Fear（＝マフィア・ノー・フィアー、マフィア心配ない）」や「Anal（＝アナル、肛門）」、さらには「.」と書いて「フルストップ」と読ませる名前などがあった。

さらに、英テレグラフ紙オンライン版が報じた、赤ちゃんと親のための情報サイトが二〇一〇年に行った「英米で最も不幸な名前」の調査結果でも、「Jo King（＝Joking、冗談）」「Carrie Oakey（＝Karaoke、カラオケ）」「Mary Christmas（＝Merry Christmas、メリークリスマス）」「Sue Shi（＝Sushi、寿司）」「Eve Hill（＝evil、邪悪な）」「Al Kaholic（＝alcoholic、アルコール中毒）」といった驚愕の名前がズラリ。日本でいうと、以前問題になった「悪魔」ちゃん路線の命名だ。同じ個性的な名前志向でも、日本の場合、漢字に独特な音を当てる〝読めない名前〟が主流である。まだマシのような気がしてくる。

第六章　明治期のエリートはなぜ珍名を好んだのか

似て非なる、キラキラネームと難読名

前章で見たように、近代化という大変革が起こった明治以降においても、名前事情はやっかいなものだった。

しかし、だからといって、近代の難読名と最近のキラキラネームを「個性的で読めない名前」同士として一括りにまとめて同一視できるかというと、それがどうもそういうわけにはいかないようなのだ。事はそう単純なものでもない。というのは、この両者、数のボリュームがまったく違うのである。

これまで繰り返し述べてきたように、異国の文字である漢字を借りたために、日本語は〝無理読み〟という軛《くびき》を負わされることになった。それは紛れもない事実であり、漢字の表記と読みは、古来つねに複雑な事情を抱え込んできた。「キラキラネームの〝方

程式〟」として紹介した強引な造語法にしても、じつは今に始まったものではなかった。それゆえに、読み方がわからない名前はいつの時代も第三者を悩ませてきたのだった。

だが、そうした宿命を背負いながらも、実際には近年になるまで、難読名だけがやたらと増殖しまくることはなく、大筋のところは、命名の伝統に従って〝常識〟の範疇に収まるような漢字と音訓を用いた名づけがなされていた。「紅玉子（るびこ）」などの一連の奇抜な名前はひときわ難読だったため辞書に収録されたのであって、世間全体を見渡してみれば、難読名はけっして多数派ではなかったのだ。

ところが、最近のキラキラネームのほうはどうだろう。こちらは名づけの世界を席巻して、新生児名の人気ランキング上位にまで登場。キラキラネームの勢いは伝統的な命名をはるかに凌いで、今やすっかり主流派の座に躍進している。

つまり、近代の難読名と最近のキラキラネームは、ともに等しく〝無理読み〟という宿命の下に置かれているはずなのに、さらには、子供の名前にありったけの思いを託す親の気持ちも時代を超えて同じにもかかわらず、量的な多寡に驚くほどの差が生じているのである。

この一点において、キラキラネームと過去の難読名は似て非なるもの。見た目は同じく「読めない名前」だとしても、両者の間には、単純に一緒くたにはできない断層が存在しているということになる。

どうやらキラキラネーム現象の背景には、古来培われてきた日本語の伝統だけでは読み解けないなにかがあるらしい。それはいったいどういうことなのか。なぜ、キラキラネームだけがこれほど急増することになったのか。近代の難読名と最近のキラキラネームの間の差異は、いったいどこから生じているのだろうか——。

キラキラネーム急増の漢字事情

のっけに結論めいたことを言ってしまうと、それは、社会における漢字の位置づけ、すなわち日本人の漢字に対する捉え方が大きく変わったためだと思われる。

そもそも、中国語の文字である「漢字」と、言霊を震わす「やまとことば」の間で手綱をさばいてきた日本の言語は、試行錯誤を繰り返す中で、今あるような日本語に醸造されてきた。言うなれば、日本語というのは、この異なる二つの言語体系が互いに引力を及ぼし合い、融合してできた〝ハイブリッド言語〟である。

われらが祖先は、古代中国の人々の思いや祈りがその字形に刻み込まれている漢字を導入し、それを換骨奪胎して自分たちの言霊を乗せ、ものの見事に日本仕様の文字へと再構成してみせた。だからもちろん、日本で使われている漢字はれっきとした日本語である。ただし、漢字一文字一文字の意味に関しては、中国で使われていた意味がそのまま流用されている。つまり、表意文字とされる漢字が表している意味は、中国語の文字としての漢字が有していた字義なのだ。

日本の文字社会においては、その字義をやまとことばに翻訳する「訓読」という手法によって漢字を日本語化したわけだが、それにしても、根本のところで中国語由来の字形と字義に依拠している以上、「日本語の文字」となった漢字の上にも、依然として「中国語の文字」としての規範が影響を及ぼしているのは否定できない。

同じ漢字なのに、「日本語の文字」として捉えたり、「中国語の文字」としたり、まったくややこしい話だが、両者の違いは「国語辞典」と「漢和辞典」をイメージするとわかりやすいだろう。「国語辞典」が日本語で使われている言葉を五十音順に並べ、日本語の語句から漢字を捉えているのに対して、「漢和辞典」のほうは、『康熙《こうき》字典』（一七一六年に完成した中国の字書）に準じて部首別に漢字を配列して、漢字の字音と意味を説明し、用例も中国古典を中心に漢文から採っている。要は、まず漢字ありき。一字一字の漢字を起点に捉えていくという立場なのである。

こうした「中国語の文字」的、つまり「漢和辞典」的な規範が及ぼす影響力に着目して比べてみると、近代の難読名と最近のキラキラネームとでは明らかにその度合が違う。というのも、近代までは「漢和辞典」的な規範が自明のこととして心得られ、漢字使用はその規範の引力圏内で行われていた。ところが現代では、そうした認識が薄れ、その引力からほとんど自由なところで漢字が運用されているのだ。

森鷗外の名づけの正体

「漢和辞典」的な規範の引力とはどういうことか。もう少し具体的に、森鷗外が名づけた奇抜な名前を例にとって、キラキラネームとの違いについて説明しよう。

もっとも、そう言われても、鷗外のつけた名前が明治時代の一般的な用字例といえるのか疑問に感じたり、こんな偉人の名づけと一般人のつけたキラキラネームを比べるなんて条件が違いすぎて比較にならない、と思う人もいるに違いない。

たしかに、鷗外の天才ぶりは半端ではない。幼い頃から漢籍やオランダ語に秀で、群を抜く優秀さから、第一大学区医学校（現・東京大学医学部）予科には実年齢よりも二歳上だと偽って、一二歳で入学を果たしている。そして大学卒業後は陸軍軍医になり、陸軍省の留学生としてドイツに留学。帰国後は軍医として公職に就く（最終的には軍医総監にまで上り詰めた）かたわら、小説や外国文学の翻訳、評論と幅広い文芸活動を行った。知性と教養は当代随一。紛うことなき傑物である。

その人が名づけた、というだけで説得力は十分。国際化の時代をにらんで外国人も発音しやすい名前にしたという理由にも、有無を言わさぬ必然性が感じられる。

しかし、ここで注目したいのは、輝かしい鷗外ブランドのイメージではなく、実際の名づけに用いられた漢字表記そのものの中身である。とにかく鷗外が名づけに使った漢字というのが、現代人の一般的な漢字の教養とは異質の世界のものなのだ。

そうした文字遣いの典型ともいえるのが、長男につけた「於菟（おと）」という名前である。この名では「オットー」というドイツ人風の響きに目が向きがちだが、じつはここで使われている漢字表記は、中国で儒教の経書の一つとされる『春秋』の代表的な注釈書『春秋左氏伝《さしでん》』の記述を踏まえている。

同書の紀元前六〇五（宣公四）年の記事の中で、春秋時代の楚の令尹《れいいん》（＝宰相）子文《しぶん》について述べている個所に「於菟」の語句が見える。

楚人乳を穀と謂い、虎を於菟と謂う。故に之を命《な》づけて闘穀於菟《とうこくおと》と曰《い》う。（中略）
実に令尹子文為り。

――楚の人は「乳をやること」を「穀」と言い、「虎」を「於菟」と言う。ゆえに（虎に育てられた）この人の諱を「穀於菟」と言う。これぞ令尹の子文なり。

鷗外の長男の「於菟」という名前は、中国の古典に記されているこの「穀於菟」、すなわち「虎に育てられた男」に由来しているのである。つまり漢籍の表記に依拠した正統派の文字遣いなのだ。

明治期における重厚な漢字遣い

当時においては、「於菟」が「虎」の意というのは、鷗外に限らず、ある程度の教養がある人なら当然知っていた『春秋左氏伝』ゆかりの故事である。漢和辞典『漢字源』の「菟」の項にも、この字を用いた下付き熟語として「於菟」が収録されており、「オト／虎のこと。楚の方言」と説明されている。

そのため、かつては寅年に生まれた子供に、男女とも「於菟（おと）」と名づけることがあったという。

調べてみたら、一八九〇（明治二十三）年生まれの森家の長男「森於菟」のほかにも、著名なところでは、幕末の一八六六（慶応二）年に生まれた建築家も、「於菟」の名を持っていた。「遠藤於菟」――この人は、日本最初の鉄筋コンクリート造りのオフィスビル、三井物産横浜支店を設計したことで知られる人物である。また、荒木良造編『名乗辞典』には、「富井於菟」という女性の名前が収録されている。こちらの女性の於菟さんの生年はわからないが、男性の二人の於菟さんは、たしかに寅年生まれだった。

中国の故事を踏まえて寅年生まれの子供につけられる「於菟（おと）」を、ドイツ人名の「オットー」にかけたダブルミーニングで「於菟＝オットー」としたのは、さすが才気煥発な鷗外ならでは。だが、「於菟」という表記自体は、鷗外の独創ではなく、当時の知識人が共有していた漢籍の教養を背景にしたものだったのだ。

その重厚さと比べてしまうと、音の響きもかわいいし、願いを込めて「心」「愛」という字を両方とも使いたかったので、「心愛」と書いて「ここあ」にしました、などという最近のキラキラネームの名づけは、あっけないほどカルイと言わざるをえない。

どちらも一見、同じような「変わった名前」に見える。しかし、表記に用いられている漢字の〝質量〟は、というと、これがもう雲泥の差である。明治期の日本語社会の少なくとも中核においては、「於菟」の例にあるように、漢字を使う人も読む人も、ともに漢字の向こう側に厚みのある漢籍の知識を見ていたのだ。

そもそも漢字はハイブロウ

考えてみれば、古い時代には、漢字そのものが極めてハイブロウな存在だった。明治期においては、まだその名残をとどめていたと見ることができる。

そもそも漢字は日本に伝来して以来、長きにわたってずっとエリートたちだけのものだった。印刷技術が普及するまでは、漢字に限らず文字たるものに一般庶民が気安くふれられるわけもなく、文字は限られた特権的な社会のものだったのだ。

そして、その文字社会では、古代から江戸時代に至るまで、ずっと漢文か漢式和文（実際には日本語の語法で表記されているが、見た目は漢文）で書かれたものが正式な文書とされてきた。

平安時代初期には日本独自のカタカナやひらがなが生まれ、やまとことばを記すひらがな文体も生み出された。平安時代中期になると、『源氏物語』をはじめとした流麗な仮名文学も花開いた。ならば、いつまでも漢文すなわち中国語に頼らなくてもよかったではないかと思うのだが、実際は依然として、漢文で書かれた文章が権威ある正式文書とみなされてきたのだ。公文書に仮名交じり文が使われるようになったのは、じつに明治時代（明治政府はカタカナを採用）になってからのことである。

漢字をねじ伏せて日本オリジナルの仮名文字を発明するに至ったのは、漢字・漢文に長けたエリートたちといえども、やはり「言霊の幸はふ国」の住人。おそらく堅苦しい漢文では、やまとことばの言霊が宿る「やまとごころ」（ありのままの素直な心）は、思うように伝えることができなかったからに違いない。

しかし、それでもなお、ひらがなとカタカナは「仮名《かな》」とされ、対して漢字が「真名《まな》」と呼ばれてきた。漢字こそが正真正銘の「真の文字」であって、仮名のほうは文字どおり「仮の文字」と位置づけられていたのだ。

そういえば、日本の文化には、正直な気持ちを意味する「本音」と、公の場で言うにふさわしい「建前」があるとよく指摘される。

これを文字の面から見てみると、公的な権威をまとう「建前」は、つねに格式ばって漢語・漢文で書かれてきた。一方、個々人の生の感情を素直に表現する「本音」は、やまとことばの響きとリズムに乗せて語られ、文字表記ではひらがな中心の文体で記された。コミュニケーションの基本の言葉を定着させる文字そのものに、こんなに歴然とした公私の区別があったのだ。それを思うと、「本音と建前」という文化が生まれたのも、なるほど当然の成り行きかと胸に落ちる。

背景にあった漢籍の素養

「声に出す言葉の響き」という側面では、日本人の言霊へのこだわりにはなみなみならぬものがあった。しかし、こと「書き言葉」という領分においては、歴史の表舞台でつねに重用されていたのは漢字であり、漢文だった。

そのため知識階級にとっては、漢籍の素養は必須。先進の学問として漢学が教養の土台とされ、エリートたちは中国の代表的な古典である「四書五経」などに精通していた。先に挙げた『春秋左氏伝』も古くから読まれており、現在でも使われる「鼎《かなえ》の軽重を問う」「食指が動く」「臍《ほぞ》を噛む」「病膏肓《こうこう》に入《い》る」「百年河清《かせい》を俟《ま》つ」といった故事成語は、同書に出てくる故事に由来したものだ。

漢籍に通じれば、おのずと「中国語の文字」としての用例から導き出される「漢和辞典」的な規範に習熟することになる。それだけに、エリートたちの用いる漢字には、そうした規範が引力として強く働いていたのは当然の結果であろう。

さすがに明治時代になると、先進の学問の地位は漢学から洋学に取って代わられてしまったが、しかし江戸時代の漢学の遺産は引き継がれていて、明治初期の知識人も豊かな漢籍の知識を持っていた。

たとえば森鷗外はドイツ、夏目漱石はイギリスと、明治時代の知識人には欧米への留学経験者が多く、西洋文化に造詣が深いイメージがある。だが、彼らは西洋語だけでなく、漢籍の教育もしっかり受けており、すらすらと素読し、中国人ばりに漢詩を創作していたとされる。そうした漢字・漢文の素養は十二分に備わっていたのだ。

夏目漱石のペンネーム「漱石」が、中国の歴史書『晋書《しんじょ》』の中の「孫楚《そんそ》伝」に出てくる「漱石枕流《そうせきちんりゅう》」(石に漱《くちすす》ぎ流れに枕す)の故事に由来しているのはよく知られるところである。また、森鷗外のペンネームも一説には、杜甫《とほ》の詩の中の「柔艣軽鷗《じゅうろけいおう》の外」(鷗《かもめ》が軽やかに浮いている。そこを一艘の小舟が静かに通り過ぎていく)というくだりからとったといわれている。

ペンネームにしろ、子供の名前にしろ、名前を漢籍の知識を踏まえて考えるというのは、当時の知識人たちにとっては、わけもないことだったに違いない。

そして、それだけの教養を有し、漢字をまさしく「自家薬籠中の物」（これも『唐書』の故事からきた語だ）としていた彼らだったからこそ、文明開化の時代にあって、西洋から押し寄せてくる外来語を漢字の造語力を生かして大胆に漢訳し、意味を端的に表す和製漢語を造ることができたのである。

明治の庶民女性のひらがな・カタカナ名

しかし、何事も一筋縄でいかないのが、国家的大変革が起こった明治期の事情である。漢字・漢文に習熟した知識人がいる一方で、一般庶民はまだまだ教育が十分とはいえない状態に置かれ、巷にあふれる難しい漢字に対応しきれずにいた。

言うまでもなく、江戸時代に木版印刷が盛んになり、文字はすでに不特定多数の読み手のものになっていた。江戸の町民たちも寺子屋で手習いを学び、幕末に日本を訪れた多くの外国人が驚嘆したほど、当時の日本は世界でも稀な識字率の高さを誇っていた。

だがそれは、いちおう読み書きができるというレベルであり、エリートたちの習熟度には遠く及ぶものではない。

明治新政府に、さあ今日から四民平等だ、義務教育だ、誰もが同じように一氏一名の戸籍名を持つ、と宣言されても、いきなり庶民がエリートたちのように自在に難しい漢字を使いこなせるはずもなかった。

角田文衛著『日本の女性名――歴史的展望（下）』（教育社）によれば、「壬申戸籍」に登録する際、公家華族や大名華族、政府高官の妻や娘たちは、皇族女性の「二音節漢字一字＋子」という名前に倣って、「愛子《なるこ》」「松子」「梅子」などと子型に改名して登記したそうだが、明治時代前半の庶民の名前はたいてい、「あい」「いく」「うめ」といった二音節二字型のひらがな表記の名前だったという。

よく時代劇で、頭に「お」をつけて「おちかちゃん」とか、「おかるさん」などと呼んでいるのを耳にするが、明治時代になっても、庶民の大多数はそうした古い時代の慣例に従った名づけをしていたわけだ。

その後、明治時代後期になると、二音節二字型をカタカナ表記する名前も目立ってくる。また士族や平民の間でも、「子」がつく名前をつける風習が流行するようになり、それが大正・昭和へと引き継がれていった。

ちなみに、第一章で紹介した秋田県のある市の広報誌には、新生児誕生の情報だけでなく、ご逝去の記録も掲載されている。一例として、二〇一二（平成二十四）年十二月一日号（十月十六日〜十一月十五日届出分）の「おくやみ」欄にあったお名前をここに記させていただく（カッコ内は享年）。

ミンさん（100）、キヌさん（95）、愛さん（95）、ヤヱさん（94）、フヂヨさん（93）、愛さん（92）、マスさん（92）、キンさん（88）、ツメさん（87）、ミヤノさん（86）、昭子さん（85）、ハツヱさん（83）、ミサさん（81）、ナカさん（81）、千江さん（80）、キヌさん（80）、美喜子さん（78）、アイさん（78）、ユキさん（73）、明紀子さん（68）、和子さん（67）

最高齢の一〇〇歳で亡くなったミンさんは一九一二（明治四十五、大正元）年前後のお生まれと推定される。次のキヌさん以降、後ろから四人目のアイさんまでが、おそらく大正から昭和一ケタ派だろう。

同じ市に生まれた現代の新生児たちは、キラキラした個性的な名前ぞろいだった（三六ページ参照）が、彼らの曾祖母あるいは高祖母に当たる世代はオーソドックスなカタカナ名前がほとんど。ここからも現代とは異なる当時の名づけの通例がうかがえる。

通用しなくなった漢字の〝常識〟

名づけにあたって大胆な漢字遣いに挑戦できるのは、考えようによっては、それなりに漢字の知識を持っているからこそである。漢字の読み書きに習熟していたとは言いがたい当時の庶民たちにとって、自己流に造語して名づけに用いるなどという荒業は、およそ手を出しにくい行為だったに違いない。

とすると、「紅玉子（るびこ）」のような難読名は、漢字使用にある程度自信を持っていた、ごく一部の階層に属する人々によるものだったのではないか。もしそうなら、その手の難読名が名づけの多数派にはならなかったのも頷けるというものだ。

音訓も多様で、字形も難しく、文字数は万の単位である漢字――。それゆえ豊かさと煩雑さをコインの裏表のように併せ持つこのハイブロウな文字を、かつては取り立てて不便を感じることなく自在に使ってこられたのは、早い話、文字が限られた特権階級だけに属していたおかげだった、と言っていい。

古い時代のエリートたちは、漢字の本来の意味とは関係なく音だけを利用する当て字や、熟字訓のような当て読みなど、日本ならではの漢字表現も奔放に開発した。『万葉集』には、「十六」と書いて「しし」（4×4＝16の九九から）、「青頭鶏」と書いて「かも」（頭が青い鳥→鴨→かも）と読ませたり、「出」の代わりに「山上復有山」（山の上にまた山が有る＝出）とするなど、遊び心たっぷりの表記が見られる。その後の時代の人々も漢字と戯れ、「字謎」と呼ばれる漢字のなぞなぞを楽しんだりもしていた。室町時代の後奈良天皇（在位一五二六～一五五七年）は自ら撰した『後奈良院御撰《ぎょせん》何曾《なぞ》』というなぞなぞ集まで残している。

それでも漢字によってコミュニケーションが阻害されることはなかった。いや、むしろ、難解な漢字を用いることが高い教養の証であり、権威の象徴であったのだ。

しかし、近代日本の幕開けによって、漢字を取り巻く環境は激変した。封建社会が崩壊して、漢字は狭い特権社会から解き放たれ、社会階層を超えて多くの人々が読み書きするものへと変貌を遂げた。

そうなると、漢字の知識も、漢字の読み書きによって支えられていた教養の程度も、階層や個々人によっててんでバラバラ。いくら知識人たちが「漢和辞典」的な規範を踏まえた上で、それに従ったりあえて外したり、絶妙なさじ加減で塩梅して、「日本語の文字」として漢字を使いこなしていたとしても、そんな表記を万人が理解できるわけではなくなってしまった。

要するに、かつて漢字を用いる際に共有されていた〝常識〟は明治期に至って、にわかに当てにすることが難しくなってしまったのである。

権威の座から失墜した漢字

折しも、近代的な国民国家への脱皮が急務とされていた時代。欧米列強に対抗する国力を築くためには、一日でも早く大衆の読み書き能力を向上させ、国民全体の教育水準の底上げを図る必要があった。しかし一般庶民にとって、漢籍の素養を土台とした漢字の〝常識〟をマスターするのは、あまりに学習の負担が大きかった。

それは、欧米語のアルファベットと比べることで一層際立った。なにしろアルファベットなら大文字小文字合わせても五二字しかなく、それさえ覚えれば、どんな語句も簡単に書くことができるのだ。ところが漢字は、文字数が膨大で画数も多く、一般庶民がエリートの域に達するまで勉強しようと思ったら、大変な時間と努力を要する。そのため、日本が近代化に遅れているのは、知識獲得の手段である漢字が難しすぎるせいだという声が上がるようになる。

明治期の日本が考えた近代化とは、西洋の知識や技術の導入を通じて西洋化することを意味していた。かつて先進の国として憧れた中国はアヘン戦争でイギリスに敗れ、というに往時の輝きを失っていた。そんな中国の学問文化につながっているのも、アルファベットに比して漢字は前近代的という印象を抱く一因になったのだろう。

かくして難解さを権威の源泉としていた漢字は、ハイブロウな「真の文字」どころか、国民教育の弊害となる「封建的な文字」という批判にさらされるようになっていった。

近代日本の言語をめぐっては、書き言葉と話し言葉が大きく食い違っていて話すとおりには文章を書けないことや、話し言葉においても地方ごとの方言がそれぞれ異なり、日本全国どこででも通じる共通の話し言葉が存在していないことなど、ほかにも問題が噴出。漢字の難しさとともに、これら諸問題が教育上また社会生活上、多くの障壁や不便を生じさせていた。

そういうわけで、国民の誰もが無理なく使うことのできる言語の必要性が叫ばれ、漢字制限、字体整理、仮名遣いや標準語（共通語）の整備、言文一致など、さまざまな課題が盛んに議論されて、結果として、これまで「中国語の文字」と「やまとことば」の両極の引き合いの中で形成されてきた日本語は、今度は国民統合の名の下に、「国語」（これも明治時代に造られた和製漢語である）という〝統一言語〟に改造されていくことになった。

さまよえる国語国字問題

とはいえ、有史以来、自然の営みの中で融通されてきた日本語を初めて人為的に規制・変更しようというのだから、そうそう簡単に〝近代国家にふさわしい言語〟に統一できるものではない。漢字に関しては、さまざまな立場から種々の意見が飛び交った。

ムツカシキ字ヲサヘ用ヒザレバ、漢字ノ数ハ二千カ三千ニテ沢山ナル可シ。

その著『文字之教《もじのおしえ》』（一八七三年刊）の「端書《はしがき》」（まえがき）でこう書いたのは、福澤諭吉だ。彼は、漢字を徐々に少なくしていく「漢字節減論」を唱え、難しい字さえ用いなければ、漢字の数は二〇〇〇字か三〇〇〇字もあれば十分だと説いた。

さらには、漢字を廃止して表音文字であるひらがなを用いることを提案する「仮名文字化論」や、ローマ字書きしようという「ローマ字化論」、果ては、英語を国語としてしまおうという「国語英語化論」をぶち上げる識者も現れた。

もちろん、漢字廃止論・制限論が高まる一方で、伝統を重視して漢字尊重論を主張する意見も根強くあり、各論入り乱れて侃々諤々《かんかんがくがく》の議論が続いた。

その後、一九二三（大正十二）年に「常用漢字表」一九六二字とその略字一五四字が発表され、〝誰もが理解できる国語にするには、ある程度の漢字制限は止むなし〟との方向で論争は落ち着くかに見えた。ところが、実施開始を予定していた同年九月一日、まさにその日に関東大震災が発生。これによって常用漢字表の実用化は延期となり、日の目を見ないままお蔵入りしてしまった。

そんな躓きから始まった常用漢字表は、一九三一（昭和六）年に改めて第二バージョンが作られるも、ほとんど効力を発揮せず、難解な漢字が使われ続けることとなった。

当時の文章では、フリガナがなければ庶民には読めないような難しい漢字表記が常態化していた。そうした状態を憂えて、作家の山本有三は一九三八（昭和十三）年に出版した『戦争と二人の婦人』のあとがきで「振り仮名廃止論」を唱えている。改題して出版された『戦争とふたりの婦人』（岩波新書・特装版）から引用しよう。

いったい、立派な文明国でありながら、その国の文字を使って書いた文章が、そのまゝではその国民の大多数のものには読むことが出来ないで、いったん書いた文章の横に、もう一つ別の文字を列べて書かなければならないといふことは、国語として名誉のことでせうか。

彼はフリガナ（＝ルビ）を「ボーフラ」とか「不愉快な小虫」と呼び、「こんななさけない国字の使ひ方をしてゐるのは、文明国として恥かしい」「なぜ、あのやうな不愉快な小虫を、文章の横に這ひまはらしておくのでせう」と嘆いた。

しかし、軍国主義の様相が色濃くなってくると、よりいっそう難解な漢語が多用され、「挙国一致」「尽忠報国《じんちゅうほうこく》」「堅忍不抜《けんにんふばつ》」「八紘一宇《はっこういちう》」といった漢字標語が市中に氾濫していく。漢字が持っている意味の凝縮力とパンチ力が国民を一致団結させる手段として使われたのである。

当用漢字による漢字制限

国語国字問題は解決できないまま時代の荒波に翻弄され、漢字廃止論と漢字不可廃論の間で揺れ続けてきた。そんな状況に決着をつけることになったのが、第二次世界大戦の敗戦だった。

終戦の翌年の一九四六（昭和二十一）年十一月十六日、一八五〇字限定の「当用漢字表」が内閣告示として発表され、ついに漢字制限が実施されたのである。

「当用漢字」とは、その字のとおり「当面の間は用いてもよい漢字」という意味であり、将来的には日本語のローマ字化を検討していた連合国軍最高司令官総司令部（GHQ）の占領政策を受けたものだった。それも、五万字ともいわれる膨大な量の漢字をたった一八五〇字に押し込めてしまうという、あまりにも強引な大鉈の振るい方で、今日の目には、ずいぶんと横暴な所業に見える。

だが、一九四五（昭和二十）年十一月十二日付『読売報知』（現在の読売新聞）は、「漢字がいかにわが国民の知能発達を阻害しているかには無数の例証がある」として、ローマ字を採用して「漢字を廃止せよ」という主張を社説で展開している。〝小説の神様〟と称された志賀直哉までもが、不完全で不便な日本語を廃止し、代わりにフランス語を公用語に採用してはどうか、と雑誌『改造』上で提案していた時勢である。

現代の感覚からは、なにをバカなことを……と思うけれど、戦前には、むやみに難しい漢字を権威主義的に使うことで国民を威圧する風潮が横行していた。敗戦国になったという激烈なショックがそうした事態の弊害を省みさせ、本気で「漢字制限」を推進せねばと痛感させたであろうことは想像に難くない。さらに漢字の整理は、活字を拾っては版を組んでいた当時の活版印刷に利するところも大きかった。

そう考えると、当用漢字の制定は、GHQの外圧にいやいや従ったというより、明治期以来の議論を受け、日本国内の支持もあって進められたと見るべきだろう。当時において、当用漢字による漢字制限というのは、長年模索し続けてきた漢字改革がやっとたどり着いた答えだったのである。

使用可能な字種が「当用漢字表」で指定されたのに続いて、二年後の一九四八（昭和二十三）年には「当用漢字音訓表」によって、それまで曖昧だった音訓が決まった読み方に定められ、さらに一九四九（昭和二十四）年には、「当用漢字字体表」によって複雑かつ多様だった字体が簡素化の方向で整理された。

また、当用漢字表の告示と同時の一九四六（昭和二十一）年十一月十六日、仮名遣いについても改革が実施され、発音するとおりに表記することをめざして、古代語音に基づく「歴史的仮名遣い」から、現代語音に基づく「現代かなづかい」へと改められた。

「戀」のとまどい

こうして国語改革が着実に進められ、漢字は特権階級御用達の、裃をつけたような「ハイブロウな文字」から、国民の誰もが平易に使うことのできる「カジュアルな文字」へと改造されることになった。そんな漢字改革が、戦後の文字社会の民主化、ひいては民主主義の浸透に寄与したことは否定しようのない事実である。

しかし、言葉というのは自然に生まれ、自由に使われる中で淘汰されていくのが本来の姿だ。いくら国語の民主化のためだったとはいえ、強引な統制にはどうしても無理が生じる。漢字の字種や字体を制限すれば、それで漢字表記の抱える複雑さがすっきり解消するかというと、言葉はそんな平板で単純なものではないのだ。改良したつもりが、かえってややこしい事態を招くこともある。

たとえば、「戀」。この字は当用漢字字体表によって新字体の「恋」に改められたが、その改変によって、字形的にはまったく別の意味を持つ字になってしまった。

もとの旧字体の「戀」は、上部が「糸」の間に「言」が挟まる形になっていて、言葉が糸に絡まってなかなか出てこないさまを表している。それに「心」を加えて、「さまざまに思い乱れて思い切りがつかない、もどかしい心」というのが本来の語源である。ところが、「恋」の上部の「亦」のほうは、大の字に立っている人が両脇に物を抱えた姿を表し、同じ物事がもう一つあるという意。つまり、「千々に乱れる切ない心」が、A亦《また》はBなどと「二股をかける心」にすり替わってしまったのだ。

本来、漢字の形には、その文字の成り立ちを反映させた意味が込められている。しかし、新字体をそうした由来とは無関係な形に簡略化したために、新しい字形からはもともとの語源をたどることができなくなってしまったのである。

「恋」と同様に、「変」という字も、もとは「變」と書いていたのが、「絲＋言」を「亦」に変えられて「変」となった。

また、『漢字源』には、「戀」の単語家族の一つに「攣」が挙げられている。単語家族とは、祖語を同じくする単語の一群のことで、字形を見てわかるように、「戀」と「攣」は「絲＋言」つながりの字。「戀」の「心」の代わりに「手」が入った「攣」は、もつれた糸を手と手で引っぱるさまを表している。そこから、「もつれたようにひきつる」

という意味となり、やはり「ひきつる」意の「痙」と併せて「痙攣《けいれん》」などと使われる。

このように「絲＋言」つながりの、もつれた糸が容易に分けられないという共通の語源を持つ単語家族であっても、ある文字は「恋」「変」と簡略化され、ある文字は「攣」のままに置かれるなど、新字体の導入によって、文字の家族関係のつながりまでもが切れてしまう結果となった。

ほかにも、「龍」は「竜」という新字に略されたが、「龍」を部首に用いた「襲」はそのままだし、「佛」は「仏」に改変されたのに、「沸」は「さんずい＋ム」とは書かない。

そうかと思うと、まったく異なる部首を持つ「廣」が「広」に改められた。「廣」のまだれ（广）の中に使われている「黃」は、新字体では「黄」と書く。それに準じて、「橫」も「横」となったのだが、「廣」や「擴」については、なぜか「黄」ではなく「ム」が採用され、「広」「拡」とされたのである。

当用漢字による改変においては、体系を無視してバラバラな変更が施された例は枚挙にいとまがない。

「決別」と「秘訣」と「決起」の不合理

さらに、当然のことながら、漢字の熟語は当用漢字だけで構成されているわけではない。そのため当用漢字表外の漢字を含む熟語は、「稽古→けい古」「拉致→ら致」「軽蔑→軽べつ」「斡旋→あっ旋」といったスタイルで交ぜ書きされるようになった。

このような表記は常用漢字表に移行した現在でも見かけるが、見た目が不細工でみっともないというだけでなく、「稽古」「拉致」などと漢字熟語として書くことで語句のまとまりを一目で理解できたのが、交ぜ書きされるとそれがわかりにくく、熟語としての意味も不明瞭になってしまう。

仮に「小学生拉致される」と書かれていたら、事の重大性は一目瞭然である。だが、「小学生ら致される」では、文章の中で熟語が埋もれてしまうばかりか、「小学生等《ら》、いたされる」などとおかしな読み方をされる恐れもあり、誤読のもとだ。

そこで不備を解消するために、当用漢字表を施行して一〇年を経た一九五六（昭和三十一）年、「同音の漢字による書きかえ」という国語審議会報告書が発表され、当用漢字表にない漢字を含む熟語を「代用字（語）」で書き換えてもよいことになった。

報告書には三〇〇以上の書き換え語が収められているが、その具体例を見ると、「意嚮→意向」「穎才→英才」「恩誼→恩義」「聚落→集落」「牆壁→障壁」「銓衡→選考」「叮嚀→丁寧」「抛棄→放棄」「繃帯→包帯」「悧巧→利口」などなど、今となっては本来の表記に違和感を抱くほどに、書き換え後の代用語が定着しているケースも少なくない。

だが、漢字の一字一字には別々の語源があり、字義も異なるものなのだ。それを、音が同じだからという理由だけで代用することは、安易な対応と言わざるをえない。これもまた、文字の成り立ちや語源につながる手がかりを断つ改変だった。

しかも、ここでも、ある漢字ではその字が使われるほとんどすべての熟語に代用字を適用したのに、別の漢字では特定の熟語に限って書き換えるという不徹底が起こった。

たとえば「稀」という文字については、「稀」を用いた熟語はすべて「希」を代用字として使い、「稀少→希少」「稀薄→希薄」などと表記することになった。ところが「訣」の場合はというと、「訣別」は「決」で代用して「決別」としたのに、「秘訣」を「秘決」と書くのは認められなかった。その一方で、「蹶」という別の漢字を用いた「蹶起」は、「決起」と書き換えられた。

つまり、代用字による書き換えの際に、共通項は音読が「ケツ」というだけで、それぞれの字義は「訣」（わかれる）、「決」（きまる・きめる）、「蹶」（つまずく）と、まったく異なるこの三つの漢字が、混ぜこぜにされてしまったのである。

「お母さん」と書いてはいけない⁉

一つの漢字にいくつも存在していた読み方も、当用漢字音訓表で決まった読み方に絞られ、異字同訓もばっさりと整理された。これによって、たとえば「おもう」という訓は、「思」（音シ／訓おもう）のみに許され、本来は同じく「おもう」と訓読みしていた「想」や「念」は、それぞれ「ソウ」「ネン」という音読みのみとされた。

あまりに多様な読み方があるのはさすがに不便だから、ある程度音訓を整理する必要があったのは理解できる。とはいえ、訓読みというのは、漢字の字義をやまとことばに翻訳することだ。つまり、訓は、「中国語の文字」としての漢字と「日本語の文字」としての漢字をつなぐ役割を果たしてきたのである。そのため訓を強く剪定しすぎると、その字の意味を類推する手がかりを失って意味が理解しにくくなる。そのマイナス面は大きい。

また、日常生活でふつうに使われている読み方であっても、当用漢字音訓表に採用されなかったものも少なくなかった。

当用漢字の「使用上の注意事項」で、「あて字は、かな書きにする」と定められたため、たとえば「母」の読みは「音ボ／訓はは」とされ、「お母さん」については当て字ということで認められなかった。ごく自然に暮らしに溶け込んでいた「お母さん」は、ひらがなで「おかあさん」と書くほかなくなってしまった。「お父さん↓おとうさん」「兄さん↓にいさん」「姉さん↓ねえさん」も同様である。

ほかに「一人↓ひとり」「二人↓ふたり」「七夕↓たなばた」「時計↓とけい」なども、ひらがな表記となった。

えっ、「時計」も当て字？　と意外に思う人もいるかもしれない。時間を計るものだから「時（とき）」＋「計（ケイ）」で「とけい」と思いきや、じつは、中国から伝来した日時計のような器具の名から「土圭」（中国での発音は「トケイ、ドケイ」）と書いたのが「時計」のルーツだ。ある時期には、機械仕掛けの時計のことを「自鳴鐘」「時器」「時辰儀」「時辰表」などと表記して、「とけい」と読んでいたともいわれている。それがいつしか「時計」と書くようになって一般化したのだ。

それにしても、「お母さん」「お父さん」をはじめ、すっかり日本語表記として定着して当て字という認識さえなくなっている語までをも、当て字だから使用不可とする必要が果たしてあったのだろうか。

悠久の漢字の歴史との断絶

こうして見てくるとわかるように、当用漢字に始まった漢字制限は、単に表外の漢字の字種や字体、音訓が使えなくなるだけに止まらず、漢字の体系にさまざまな矛盾をもたらすものだった。

使用できる漢字の範囲を定めたという性格上、当たり前と言えば当たり前なのだが、当用漢字は、基本的には漢字を軸に発想されている。言い換えると、「漢和辞典」的な（「中国語の文字」的な）規範に軸足を置いて漢字を捉えているのだ。だいたい、当て字を不可としたのも、それが漢字本来の規範から逸脱した〝邪道〟と判断したからだったはずだ。なのに、その一方で、「漢和辞典」的な規範をぐちゃぐちゃにするような改正を平気で行っていたのである。

ただ、これは裏を返せば、漢字を誰もが読み書きできるわかりやすい文字に改造するためには、奥行きの知れない太古の言葉の森に通じる道を遮断するほかなかった、ということでもあるのだろう。

単なる道具として使っているつもりでも、漢字は太古からの記憶や知恵を蓄えた言葉の森への入り口。日本の言霊だけでなく、中国の言霊までもが満ち満ちたその深い森に足を踏み入れて、遭難せずに道を行くには、かつて漢字を独占していた知識階級のエリートたちのように高い教養を身につけていなくてはならなかった。「国民の誰もが平易に使える」というような〝軽装備〟では、森で遭難するのは必至。だから、あえて管理の目が届く公園程度に範囲を留めておかざるをえなかったのかもしれない。

いずれにしても、戦後の国語国字改革というのは、古代から複雑な重層構造をつくってきた漢字の歴史とのつながりを断ち切るものだったわけだ。

これでは、人々の漢字に対する捉え方が、改革の前と後で大きく変容してしまったのも無理はない。つまり、こうした歴史的な漢字の体系との断絶が、戦前の難読名と最近のキラキラネームの間に横たわっている断層の正体だったのである。

それでは、その断層が私たちの漢字に対する捉え方をどう変えたのか。どんな漢字観の変化がキラキラネームの急増という現象に行き着くことにつながったのだろうか。それについては章を改めて考えてみたい。

☆ああ、絶滅危惧ネーム「木綿子」

ある世代には珍しくなく、もちろん難読でもなんでもなかった名前が、下の世代には、キラキラネーム呼ばわりされることがある。「木綿子」もそんな名前の一つだ。「木綿子」と書いて「ゆうこ」と読む。ネット上では「豆腐みたいで変じゃない?」などと書き込まれていたりするが、けっして「もめんこ」ではない。

そもそも、木綿《もめん》が日本に伝来する以前、楮《こうぞ》の木の皮を素材につくられていた糸を「ゆう」(旧仮名遣いでは「ゆふ」)といい、「木綿」の字を当てた。古来、神事にも使われてきた由緒正しい来歴があり、「木綿子」も昔からある名前なのだが……。

神事での「ゆう」は知らなくても、せめて浜木綿子のことは知らないだろうか。浜木綿子といえば、『監察医・室生亜季子』シリーズなどで人気を博し、現在も舞台に立つベテラン女優。三代目市川猿之助(現・二代目市川猿翁)と離婚後、女手一つで育てた息子が現役で東大に入ったときも、大きな話題になったものだ。その息子とは、最近は俳優業だけでなく、歌舞伎役者九代目市川中車としても活躍する香川照之である。彼を見て、実母の浜木綿子を連想できる人は、確実に「ゆうこ」と読めるはずだ。しかし、この怪優しか知らないとなると、「木綿子」はやはり手ごわい難読名になってしまうのか。

第七章　ついに「断層」が見えてきた

玉音放送がわからなかったわけ

戦後の国語国字改革によって日本語の文章はどれほど変わったのだろうか。終戦の際に出された詔書《しょうしょ》と、当用漢字告示後の内閣訓令の文章を比較して見てみよう。前者の詔書とは、一九四五（昭和二十）年八月十四日付で発布された「大東亜戦争終結ノ詔書」（終戦の詔書）のこと。その冒頭部分を紹介する。

朕《ちん》深ク世界ノ大勢ト帝國ノ現狀トニ鑑ミ非常ノ措置ヲ以《もっ》テ時局ヲ收拾セムト欲シ茲《ここ》ニ忠良ナル爾《なんじ》臣民ニ告ク

朕ハ帝國政府ヲシテ米英支蘇四國ニ對シ其ノ共同宣言ヲ受諾スル旨通告セシメタリ

（後略、現代仮名遣いのルビは引用者による）

ポツダム宣言受諾の勅旨を国民に宣布する文書だけに重々しいのは当然だが、文体そのものも、戦前の公文書の伝統にのっとった漢文訓読体で書かれており、いかめしい雰囲気が漂っている。

「堪《た》え難きを堪え、忍び難きを忍び……」のフレーズで知られる昭和天皇のいわゆる玉音放送は、この詔書を音読したもの。終戦時の体験談で、ラジオから流れてきた天皇のお言葉の意味は正直よくわからなかった、と語られることがしばしばあるが、この文章を耳で聞いただけでは、たしかに論旨が理解しづらかったことだろう。

かたや、「当用漢字表」告示後の一九四九（昭和二十四）年四月二十八日付で「当用漢字字体表」の実施を各官庁に命じた内閣訓令第一号はこうなっている。

……政府は、今回国語審議会の決定した当用漢字字体表を採択して、本日内閣告示第一号をもつて、これを告示した。今後、各官庁においては、この表によつて漢字を使用するとともに、広く各方面にその使用を勧めて、当用漢字字体表制定の趣旨の徹底するように努めることを希望する。

現在では「っ」と表記される促音が「つ」と大書きされているものの、これなら、平成の世を生きている私たちにもわかる。簡単に読める。

たった四年しか違わない文書でも、その差は歴然。これほど様変わりしたのである。

子の名は常用平易な文字とせよ

そして、こうした改革がとうとう名前表記の上にも及ぶことになった。

前章からしばらく当用漢字にスポットを当て、名前に使う漢字については特段ふれずに話を進めてきたので、もしかすると事情は同じなのかと誤解されたかもしれないが、当用漢字と人名漢字は別物。当用漢字制定後も、名づけに使う漢字にはなんの規制もなく、それまで同様に自由に使えていたのだ。

第五章で紹介した、自由すぎる名乗りの数々を思い出していただきたい。同章で取り上げた荒木良造編『名乗辞典』には見たこともないような難しい漢字を用いた名前も数多く収録されている。

たとえば、「龘郎」という名前に使われているのは、画数が三三画もある「龘」という漢字だ。この字は「鹿」を三つ合わせた形からざっと集まっていることを表し、「間が透ける、きめが粗い」といった意味を持つ。本来の音は「ソ」だが、「麤郎」は「あらお」と読むのだという。さらに、「愨《カク》」という字を用いた「愨麿（よしまろ）」や「愨（すなお）」、はたまた「氻《ロク》」と書いて「氻（みのと）」と読む名前など……日常生活では目にする機会のないような漢字が使われた名前を挙げ出したらきりがない。

当時、子供の名前にどんな漢字を使おうが、どんな読み方をしようが、役所から咎められることはなく、そのまま戸籍に記載された。そのため豊かな字義と多様な音訓が交錯する「日本語の文字」としての漢字は、名前においてとくにややこしいことになっていた。そんな複雑な漢字の用法は、誰もが理解できるものではない。だから、『名乗辞典』編者の荒木氏は「名前のよみ方は（中略）煩雑きわまりない結果を生んで、第三者をなやまし続けてきた」と記していたのだった。

だがその一方、親の願いや個人のアイデンティティとも密接に関係している名前は合理主義だけで事務的に対処することはできないものでもある。それだけに、当用漢字表で日常使用する漢字の範囲が決められた際にも、「固有名詞については、法規上その他に関係するところが大きいので、別に考えることとした」と明記され、人名に使う漢字はその範囲からはずされていたのだ。

ところが、この「別に考える」というのは、一転、反故になってしまった。いや、正確に言うと、考えられたことは考えられたのだが、結局のところ、まったく考えた甲斐がないような内容に決められたのである。

すなわち、一九四七（昭和二十二）年十二月二十二日に公布された戸籍法によって、「子の名には、常用平易な文字を用いなければならない」と定められ、さらに同月二十九日公布の戸籍法施行規則において、「常用平易な文字」とは、「(1)当用漢字表に掲げる漢字」「(2)片仮名又は平仮名（変体仮名を除く）」とされたのだ。

これによって、戸籍法が施行された一九四八（昭和二十三）年一月一日以降に生まれた子供の名前には、当用漢字表にある一八五〇字しか使えなくなってしまった。それ以外は、難解でもなんでもなく、誰もが知っており、なおかつ名前によく使われていた漢字までもが使用不可になってしまったのである。

「稔」も「弘」も名づけ禁止!?

これにはさすがに不満噴出。いくら人々が戦後、当用漢字の普及に協力し、その恩恵に与《あずか》る部分があったとしても、この理不尽な措置に対しては、批判の声が渦巻いた。

そんな世評のあまりの悪さに、国会でも人名漢字問題を審議せざるをえなくなり、三年後の一九五一（昭和二十六）年、内閣は「人名用漢字別表」九二字を制定する。以降、子供の名前に使える漢字の範囲は、当用漢字表に加えて人名用漢字別表に掲げられた漢字にまで広げられることになった。

つまり、戸籍法が施行された一九四八（昭和二十三）年一月一日から、人名用漢字別表が告示された一九五一（昭和二十六）年五月二十五日まで――この三年間が、日本人の名前史上、使える字種が最も少なかった時期ということになる。

次の表にあるのは、逆に言うと、どれも戸籍法施行後に一時使用不可となっていた漢字たちである。

【人名用漢字別表】（昭和二十六年五月二十五日内閣告示第一号）

丑　丞　乃　之　也　亙　亥　亦　亨　亮　仙　伊　匡　卯　只　吾　呂　哉　嘉　圭　奈　宏　寅　尚　巌　巳　庄　弘
弥　彦　悌　敦　昌　晃　晋　智　暢　朋　杉　桂　桐　楠　橘　欣　欽　毅　浩　淳　熊　爾　猪　玲　琢　瑞　甚　睦
磨　磯　祐　禄　禎　稔　穣　綾　惣　聡　肇　胤　艶　蔦　藤　蘭　虎　蝶　輔　辰　郁　酉　錦　鎌　靖　須　馨　駒

鯉鯛鶴鹿麿斉龍亀

人名用漢字と銘打ったわりには、現代の感覚からすると、「猪」「鹿」「蝶」とは花札かと首を傾げたくなるような字も含まれてはいるが、「稔」や「弘」といった、当時の名前によく使われていた人気の文字も見える。

明治安田生命が発表している「名前ランキング　生まれ年別ベスト10」によると、「稔」は、戸籍法施行直前の一九四六（昭和二十一）年には一位、一九四七年には二位の座に輝いている。それが、施行された一九四八年には、当然のことながらランキングから消え、人名用漢字制定後の一九五二年にふたたび五位となって復活を果たしている。「弘」も一九四六年に四位、翌年には五位と、ランキング常連の人気名だったが、こちらは人名用漢字として使用がまた認められるようになっても、以降ベスト10内に顔を出すことはなくなった。そして「ひろし」という音の名前には、「弘」に代わって「博」や「浩」を当てるのが主流となった。

一九四七（昭和二十二）年生まれの有名人には「大和田伸也」「安岡力也」「小倉智昭」「荒俣宏」「加藤和彦」らがいる。「也」「智」「宏」「彦」も、一九四八年から三年間使用できなくなった文字である。どなたも本名も同じというから、生まれてくるのがあと一年遅かったら、まったく別の名前で人生を歩むことになっていたわけだ。

当用漢字の浸透

「人名用漢字別表」制定については、一見、漢字改革を推進してきた国語政策が漢字の使用制限の手を緩めたかに見える。だが、国語審議会は人名用漢字を別建てで設けるのはじつは本意ではなかったようで、同表を政府に建議するのと同時に、一九五一（昭和二十六）年五月十四日付で、強気の「人名漢字に関する声明書」を発表している。

その声明書では、「子の名の文字には、社会慣習や特殊事情もあるので、現在のところなお、当用漢字表以外に若干の漢字の使用はやむを得ないと考える」としながらも、改めて漢字改革の意義を強調。「かりに子の名に用いる漢字が無制限に認められるとしても、（中略）当用漢字の基準に従うことが、その子の幸福であることを知らなければならない」などと力説している。

原則として当用漢字という枠組みを守らせようとするその姿勢は、ともすると権威主義的な押しつけのようにも映る。

しかし、そうした見解の前提となっているのは、国民の読み書き能力を向上させ、教育を高め、国民の言語生活を向上させるためには、漢字の整理と使用制限をなんとしてでも実現しなければならない、とする信念ともいえる考え方だ。これは必ずしも国語審議会の漢字制限・廃止派だけの主張というわけではなく、前章でも述べたように、当時の国民一般も共感できる説得力のあるものだった。それほど多くの人たちにとって、漢字の読み書きは困難がつきまとうものだったのだ。

当時の人々の大半は、子供の名前に使う漢字さえ多少余裕をもって認めてくれるなら、漢字全体としては平易化に賛成——そんなふうに捉えていたのだろう。

そして実際、当用漢字によって旧来の難解な漢字遣いが封じ込められたことで、漢字は格段に付き合いやすい文字となった。おかげで教育の民主化が進み、誰もが漢字を無理なく勉強できるようになり、かつては漢字の難しさに辟易していた一般庶民も、だんだん当用漢字の枠内での読み書きに不自由しなくなっていった。

基本的には、国語審議会が要望したとおり、国民は当用漢字実施の徹底に十分協力し、戦後の国語国字政策は順調に浸透していったわけである。

移りゆく時代の評価

だが、そうなると皮肉なもので、漢字の平易化が浸透すればするほど、国民の教育レベルが向上すればするほど、漢字制限は当たり前のものと化していき、制限の必要性は実感されにくくなっていく。それどころか、次第に人々は漢字使用に枠をはめられることに不自由さを感じるようにさえなっていった。

そもそも、自由で平等な社会を実現するために漢字制限という統制を敷くということ自体、目的と手法が相矛盾している。漢字の読み書きの煩雑さが大問題として捉えられていた頃には目立たなかったその矛盾が、問題が解消されていくにつれて、次第に露わになってきたのである。

時代の風はいつしか変わる。気がつけば、日本は敗戦を乗り越えて復興し、一九五六（昭和三十一）年七月に発表された経済白書では、「もはや戦後ではない」と謳われるほど経済が飛躍的な成長を遂げ、教育水準や文化水準も向上していた。

漢字廃止覚悟で臨まなければ国語の民主化も教育の民主化も成し遂げられない、という当用漢字を支えてきた所論は次第にリアリティを失って、国語審議会の中でも、漢字制限・廃止派に押されっぱなしだった漢字尊重派が発言力を増していった。

こうして右肩上がりの時代の空気を追い風に国語政策見直し論が高まりを見せていく中、まずは一九七三（昭和四十八）年に、音訓の読みを大幅に増やした「当用漢字改定音訓表」がまとめられた。この音訓表では、旧バージョンに三五七の音訓を追加。熟字訓や当て字を認める「付表」も添えられ、「お父さん」「お母さん」などをはじめとする一〇六語が慣用表現として採用された。

そして一九八一（昭和五十六）年十月一日、ついに内閣は、漢字廃止さえ視野に入れて「当面の間だけ用いる」としていた「当用漢字表」に替えて、「常に用いる漢字」すなわち「常用漢字表」を告示するに至った。

当用漢字表が「日常使用する漢字の範囲」を決めたものだったのに対し、常用漢字表はあくまで「漢字使用の目安」である。さらに、「この表は、科学、技術、芸術その他の各種専門分野や個々人の表記にまで及ぼそうとするものではない」「運用に当たつては、個々の事情に応じて適切な考慮を加える余地のあるものである」とも言明された。

かくして、当用漢字制定から三五年を経て、国語政策の方向は大きく修正されることになったわけである。

このとき常用漢字表に収められたのは、当用漢字表にわずか九五字を加えただけの一九四五字にすぎず、実質的にはダイナミックな変化というわけではなかった。しかしそれでも、当用漢字による漢字制限が廃止されたという事実――それはとりもなおさず、もはや多くの人々にとって、漢字の読み書きが使用制限の枠を必要とするほど難しいものではなくなったことを意味している。

かつて一部の特権階級だけに帰属していた漢字は、格式あるハイブロウな文字からカジュアルな文字に改造され、すっかり国民みんなのものとなっていたのである。

世代で異なる漢字の位置づけ

それでは、今度は角度を変えて、そういった漢字の位置づけの変遷を「世代」という切り口で捉え直してみよう。

当用漢字の施行前と施行後の両方の時代を知っているのは、言うまでもなく「戦前・戦中派」である。彼らは、第二次世界大戦をはさんで社会的にも政治的にも価値観が一変した激動の時代を生き抜いてきただけでなく、国語においても大きな断層を体験した。ここまで述べてきたような国語国字問題の歴史とともに歩んできた、言わば「当用漢字第一世代」である。

その子供世代に当たる「当用漢字第二世代」は、物心ついたときにはすでに当用漢字が浸透していた世代だ。とくに敗戦直後の第一次ベビーブーム期（一九四七〜一九四九年）、ないしその前後に生まれた「団塊の世代」は、当用漢字によって制限された漢字表記を当たり前として育った「第二世代」の一番手といえる。

第一世代と第二世代、この両者が見てきた漢字の風景は、まったく異なるものだったはずである。

まず、第一世代のほうは、もともとは「漢和辞典」的な規範が存続していた時代に育った人たちだから、「日本語の文字」としての漢字の曖昧な揺らぎに煩わせられながらも、それゆえの豊かさや奥行きのある漢字文化を享受していた世代といえよう。

文化人たちは、明治時代の流れをくんで大正・昭和初期においてもまだ漢文の素養を持っていたし、一般庶民にしても、尋常小学校や国民学校では、漢文訓読体で書かれた教育勅語を暗唱させられたりもしている。

誰もがそれを十分に理解できていたかどうかは別にして、この世代の人々は、古来日本人の教養に深く入り込んでいた漢文にふれる機会は多く、長い歴史の中で培われてきた漢字世界とつながる地平に立っていた。

一方、当用漢字の制定前後に生まれた第二世代のほうは、複雑な重層構造を成す歴史的な漢字体系とのつながりはいたって希薄である。彼らは、伝統的な難解さを排してこざっぱりとカジュアルに変身した漢字とともに育っている。

なかには、戸籍法施行の一九四八（昭和二十三）年から人名用漢字別表告示の一九五一（昭和二十六）年までの、名前の字種最少期に名づけられた人も当然いるし、それ以降の生まれであっても、戦前に比べたら名前に使える字種は格段に少なくなっている。名前において、この世代の人たちは漢字制限によって多大な影響を受けており、実際、親は名づけにそうとう苦慮したに違いない。しかし、当の本人たちは、当用漢字のビフォー&アフターの落差を実感することはなかっただろう。

この世代のイメージソングのように一九七〇年代に盛んに歌われたのが、「戦争を知らない子供たち」だった。その〝戦争を知らない子供たち〟は、当用漢字施行前後に生まれ、漢字改革による断層を原体験としては知らない子供たちでもあるわけだ。

ついでながら、作詞した北山修と作曲の杉田二郎は、ともに一九四六（昭和二十一）年生まれ。奇しくも当用漢字表が告示された年に生まれている。

当用漢字前と隔絶する「第三世代」

もっとも、団塊の世代は自分たちのことを〝戦争を知らない子供たち〟と自称しているが、そのじつ、彼らは戦争の痛みを追体験できる世代でもある。私はもう少しあとの世代だが、それでも家族や周りの大人たちの戦争体験を直接聞く機会はあり、子供心にその話に素直に共振していた。団塊の世代ならなおのこと、親からいやというほど戦争の苦労話を聞かされて育ったに違いない。

世代間の体験の伝承という点から考えると、第一世代と第二世代の間のつながりの糸は完全に途切れているわけではない。前の時代の名残というのは、次の時代にもどこかしら漂っているものなのだ。

国語国字についても、しかり。

当用漢字第二世代の周りでは、祖父や父親が漢文に親しんでいたり、その蔵書の中には難しい漢字や歴史的仮名遣いによる表記のものがあったり、かかりつけの医者の看板が「〇〇醫院」と書かれていたりするなど、旧来の漢字世界の名残がそこかしこに点在していた。たとえ当用漢字による断層を直接の体験としては知らない世代であっても、その断片を見聞きすることはあったはずだ。

そういえば、江戸時代の川柳に「売り家と唐様で書く三代目」という句がある。初代はゼロから自力で事業を起こし、財産を築く。二代目は初代の苦労を知っているから、その志を継いで事業を継続することはできる。しかし三代目ともなると、生まれたときから恵まれた環境でお坊ちゃんとして育ち、苦労知らずゆえに事業をおろそかにして道楽にうつつを抜かし、身代を食いつぶす。ついには家まで売りに出すことになるが、道楽者だけに趣味的な素養は身につけているので、札に「売り家」と書く文字はしゃれた唐様（中国風の書）だったりする、といった意味を込めた句だ。

お坊ちゃん育ちの三代目を皮肉って、「三代目は経営者としては往々にして無能」という意味合いで使われることが多いが、「初代の苦労というものは子供の代には伝わるが、孫の代までは伝わらない」という警句としても読める。

やはり、親世代の体験はなんらかの形で次世代に影響を及ぼすもの。時代が激変し、親世代と子供世代の間に不連続の断層が生じたとしても、親世代の生々しい体感と隔絶するのは、子供世代ではなく、もう一世代あとの孫世代なのである。

ことに現代では、核家族化によって、祖父母世代から孫世代への体験の伝達はより困難になっている。

そういう面からいうと、正真正銘の平易化した漢字の世界観で育ったのは、「当用漢字第一世代」の孫世代に当たる「第三世代」――つまり、団塊の世代の子供たち、「団塊ジュニア」を中心とする世代と見るべきだろう。

「第三世代＝団塊ジュニア」の漢字観

「団塊ジュニア」は、第二次ベビーブームの一九七一（昭和四十六）年〜一九七四（昭和四十九）年生まれとする説と、一九七五（昭和五十）年〜一九七九（昭和五十四）年生まれとする説があるが、ここではざっくり一九七〇年代生まれとしておこう。だいたいこのあたりの人たちが「当用漢字第三世代」に当たる。

国語政策において、当用漢字の思想が現実味を失い、制限を緩和した「当用漢字改定音訓表」がまとめられたのが一九七三（昭和四十八）年。その後一九八一（昭和五十六）年には、強制力を外した常用漢字に切り替わっており、当用漢字第三世代が生まれ育った時代は、ちょうど当用漢字の終焉の時期とリンクしている。こうした事実に照らしても、彼らが平易化の完成した漢字社会の只中で育ったことがわかる。

この世代までくると、祖父母世代の頃まではあった「漢和辞典」的な規範の引力はすっかり弱まっているから、旧来の規範に縛られず、カジュアルな漢字遣いに終始して、「今」の感覚だけで漢字を使いこなすようになっている。

昔の人はバシッと決めたいときは、「まったく人間万事塞翁が馬だ」とか、「今は臥薪嘗胆して次の機会を待つしかない」などと、格式ばった故事成語や四字熟語をもってきたものだった。なにしろ歴史的に長きにわたって、ハイブロウな漢文・漢語を用いることがステイタスであり、カッコイイことだったのだから。

しかし、当用漢字第三世代以降ともなると、優位にあるのは漢文や漢語ではなく、英語やカタカナ語だ。先の川柳になぞらえるなら、「ＦＯＲ ＳＡＬＥと英文字で書く三代目」とでもいった感覚に変わっている。

中国の古典に依拠する故事成語のような表現は、学生時代に勉強した知識として知っていても、日常で用いることはおそらくないだろう。第三世代にとって漢文とは、中国の古典を勉強する「学校の教科」という程度の認識であって、それが自分たちの使っている日本語と否応なく結びついたものだったという実感は、皆無なのではなかろうか。

もちろん、年長者が「最近の若い者は……」と嘆くのは世の常だ。言葉遣いの世代差は、なにも今に始まったことではない。だが、「祖父母世代＝当用漢字第一世代（戦前・戦中派)」と「孫世代=当用漢字第三世代(団塊ジュニア)」、この世代間における言語感覚の差を考える上では、当用漢字実施によって生じた漢字観の断層を重要なファクターとして押さえておく必要があると思う。

団塊ジュニアの名づけ

さて、それでは、かつては常識とされていた「漢和辞典」的な規範の引力圏から脱した「当用漢字第三世代」の団塊ジュニアたちが子供の名づけをするようになったら、果たしてどういうことが起こるだろうか。

彼らは、漢文の素養に支えられてきた伝統的な漢字の常識に囚われていない。いや、「囚われていない」というより、旧来の常識を「知らない」と言ったほうが正しい。ましてや、その常識が、「漢和辞典」的な規範にのっとりながらもマニュアル化されたものではなく、高い教養によって制御していく曖昧なものだとは知る由もない。

第三世代が知っているのは、音訓や字体がきっちりと整備された、カジュアルで平易な漢字の世界だ。学校でそれを学び、テストではつねにたった一つの正解を書くことを求められてきた。要するに、彼らは漢字世界の歴史的な奥行きを知らず、そこでの柔軟な用法を支えている〝塩梅〟や〝加減〟などわからない世代なのである。

ところが、人名だけは例外。二〇四ページで説明したように、戸籍法や施行規則によって子供の名前に使える字種は限定されたが、使用漢字をどう読ませるかについては昔のまま、なんの制限もされていない。それはその後もずっと変わっていないのだ。

とすると、第三世代が名づけにあたって、個性的な名前をつけようとする風潮が強まっていくと、漢文の素養をもとに〝塩梅〟していく術を知らない世代だけに、一般的な漢字の読みを無視した突飛な当て字を使ったり、外来語を無理やり漢字に当てはめたりするようになったとしても、ちっとも不思議ではない。

そして果たせるかな、現実においても、当用漢字第三世代の団塊ジュニアが成人を迎えて子供の名づけをするようになった時期と、キラキラネームが増え始めた時期は、ピタリと重なっているのである。

まず当用漢字第三世代の結婚・出産の時期を見てみると、団塊ジュニアの筆頭グループである一九七〇年代初頭に生まれた人たちは、一九九〇年代半ばにはすでに二十代半ば。ステレオタイプ的には、適齢期といえる年齢に達していることになる。

ただ、晩婚化・未婚化の傾向が強く、少子化も進んでいる団塊ジュニアのこと。団塊の世代に次ぐ人口のボリューム層とはいえ、さすがに第三次ベビーブームといえるような現象は一九九〇年代に入っても起こっていない。しかしそれでも、厚生労働省の人口動態統計を見ると、減少の一途だった出生数が一九九四（平成六）年には前年よりわずかに上昇。二〇〇〇（平成十二）年くらいまでほぼ横ばいで推移している。

このデータ結果は、実際に一九九〇年代半ば頃から団塊ジュニアが子育て期に入り始めたことを十分うかがわせるものである。

一方、キラキラネームがぽつぽつ目につくようになってきた時期は、第二章で紹介したように、専門家の間では一九九〇年代半ば頃といわれている。

このようにどちらの時期も一九九〇年代半ばと、両者の相関関係を示唆するように見事にシンクロしているのである。

キラキラネームを誘発したもの

こうした時期の一致は、「漢和辞典」的な規範の引力から自由になった「当用漢字第三世代」ならではの漢字観がキラキラネームを誘発した、という証左ではあるまいか。

言うまでもないことだが、キラキラネーム現象には社会情勢や世相の変化、価値観の多様化など、さまざまな要因が複雑にからみ合っており、そうした背景的要因について、第二章でも紹介したように多方面から検討がなされている。しかし私は、巷間言われている要因だけでは、なにかピースが欠けている気がしてならなかった。そこで、ここまでキラキラネーム急増のナゾを追いかけ、あっちの引き出し、こっちの引き出しと手当たり次第に探ってきたわけだが、私の疑問への答えは、これなのではなかろうか。

伝統的な漢字の常識からかけ離れたキラキラネームがつけられるようになったのは、カジュアルで平易な漢字観が三世代かけて造成され、それが若い世代の漢字の捉え方の土台になったから。そういう大前提の土台ができあがっていたからこそ、少子化に伴う名づけの個性化願望の強まりや、新しいセンスの名づけ本の創刊といった社会変化の圧力がかかったとき、断層がズルリと動いた——こういう話なら納得できる。

そもそも、漢文の素養に支えられてきた常識は、とうの昔に当てにできなくなっていた。カジュアルな漢字観を持って育った「第三世代」ならなおのこと、伝統的な常識の範疇に収まるようなラインの引き方などわかるわけがない。ならば、名づけた本人が思っている以上に奇抜な難読名と化すのは、無理もないことではないか。

しかも、ごく一部の階層に属する人々だけが「紅玉子（るびこ）」やら「元素（はじめ）」などと、難読名をつけていた当用漢字制定前とはわけが違う。誰もが普通に漢字の読み書きをこなせる時代である。その気になれば、他人とは違う大胆な漢字遣いにも、誰だって乗り出すことができるのだ。

一九九〇年代半ばに現れたキラキラネームの先駆者の後ろには、「当用漢字第三世代」以降の世代、よりカジュアルな漢字観を持つ予備群が大勢控えている。その人たちが続々と〝常識〟のラインを飛び越えて難読名をつけるようになるのは、むしろ必然ですらある。そう考えると、いったん水門が開いて流れができてしまったあと、キラキラネーム現象が止まるところを知らず、傍流では収まらない勢いでどんどん増殖していったのは当然の成り行きだった、と了解できる。

書けなくても漢字変換できる時代

さらにもう一つ、「当用漢字第三世代」が育った時代には、忘れてはならない大きな社会変革が起こっていた。情報化が飛躍的に進展して、ＩＴ時代が到来したのである。

この急速なＩＴ化が漢字の使い方を伝統的な規範の引力圏からいっそう遠ざけ、キラキラネームが雪崩を打って増えていくことにつながったと思われる。

内閣府の調査によると、パソコン普及率は一九九〇年代前半までは一〇%台と一部に限られた普及だったが、九〇年代後半からはどんどん上昇し、二〇〇一（平成十三）年には半数を超えて国民に広く普及している。また、一九九〇年代初頭から始まった日本でのインターネットも、一九九五（平成七）年の「新語・流行語大賞」のトップテンに「インターネット」という言葉が選出されるなど注目されるようになり、二〇〇〇年代に入ると急速に普及が広がっている。

パソコンが普及したおかげで、「薔薇」だろうが「憂鬱」だろうが、手書きでは書けないような難しい漢字でも、簡単に漢字変換できるようになった。それも読みを入力するだけで、いくつかの漢字の候補を表示する予測変換までしてくれる。たとえ読み方がわからなくても、検索にかければすぐに調べがつく。意味がわからなければ、インターネットで簡単に答えを探すこともできる。

要するに、パソコンやスマホがあれば鬼に金棒。漢字は文字が膨大で、字形は難しく、音訓も多様で、学習に大変な時間と努力を要し、国民の知識獲得を阻害する、とさんざん問題視され、戦後、必死に漢字の平易化が進められたのだが、そんな漢字の整理も使用制限も、まったく意味のないものになってしまったわけだ。

最近では、ブログやツイッターなど、個人が発信するツールが充実し、誰もが自分なりの文字表現を自由に発信することができるようになった。明治時代には知識人の専売特許だった造語も、今や一般人だって思うがまま。とくにインターネット上のコミュニケーションは「目で文字を読む」という特性があるため、表記に工夫が凝らされ、当て字や略字、意図的な誤変換など、その表現は百花繚乱の様相を呈している。

「Ｍｉｃｒｏｓｏｆｔ Ｗｉｎｄｏｗｓ」を「窓」、「Ａｍａｚｏｎ」を「密林」と日本語訳に引っかけて漢字表記にしたり、「サーバー」のことを「鯖」、「二次元」を「虹」、「既婚女性→既女」を「鬼女」などと当て字したり、笑っている様子を表現して「ｗｗｗ」と書くのも、ネットでは定番となっている。そういえばこの「ｗ」、二〇一三（平成二十五）年十二月に「第七版」が発売された『三省堂国語辞典』についに収録されて話題になった。

インターネット上以外の一般社会でも、「本気」と書いて「マジ」と読ませたり、「真剣（ガチ）」「偶像（アイドル）」「美男（イケメン）」「根性（ガッツ）」とするあたりは、ほとんど認知されているし、飲食店の店先で「春夏冬中（あきないちゅう）」といったプレートを目にすることもしばしばだ。

国語や教育の民主化に苦労した時代があったことなど、今やどこ吹く風。人々は和語と漢語、ときに外来語やアルファベットも取り混ぜて、気軽な文字表現を謳歌している。漢字を用いるときも、かつては常識とされていた「漢和辞典」的な規範にはまったく無頓着である。とくにインターネット上では、そこから外れることになんの抵抗も覚えなくなっている。

人に愛される意で「優」と名づけたい⁉

こうした情報化時代に対応して、二〇一〇（平成二十二）年に常用漢字表が見直され、一九八一（昭和五十六）年制定時の一九四五字から使用目安の枠をさらに広げて、二一三六字に改定された。

人名用漢字表のほうは、一九五一（昭和二十六）年制定時には九二字だった指定が、一九七六（昭和五十一）年に二八字追加されて一二〇字となり、一九八一年の常用漢字表の制定に合わせて、そちらの表に取り入れられた八字を削除、五四字を追加して一六六字となった。その後も、名前への使用をめぐって裁判が起こされたりして追加され、現在のところは、二〇一〇年の常用漢字表の改正に伴う整理・追加の結果、八六一字となっている。

「目安」としながらも常用漢字表という枠組みを設定していること自体、ある意味〝漢字制限〟を続けているようなもの。なんでもありという現状の前では、ナンセンスな印象が否めない。それだけに、何字追加されて何文字になったなどと書かれても、なんだかなあ、と思う方がほとんどだろう。かくいう私も同感である。

ただし、名づけにおいては、そうも言っていられない。なにしろ、「子の名に使える漢字」は「常用漢字表と人名用漢字表に掲げられた漢字」とされているのだ。命名を控えた親にとっては、この枠組みは看過することのできない切実な問題なのである。

子供につけようと思っていた漢字が表に入っていなければ、役所で名前は受理してもらえない。だから、「常用平易な文字」なのに使えないのはおかしいではないか、と裁判所に訴えを起こした親もいたわけだ。

そうした動きが相次いで、原告勝訴の結果により一字、また一字と追加される事態が生じたことから、当局では〝これではたまらん〟となったのだろう。二〇〇四（平成十六）年、法務省法制審議会に人名用漢字部会が立ち上がり、専門家によって追加漢字の検討がなされることになった。

この部会で幹事を務めた早稲田大学社会科学総合学術院の笹原宏之教授は、じつに興味深い調査を行っている。人名用漢字選定の参考にするために、名づけをする親たちが要望している漢字の実態調査を主導・実施したのである。

氏の著書『日本の漢字』（岩波新書）にその調査結果の一端が紹介されているのだが、そこで浮き彫りになっているのは、当世の親たちの漢字観の、ものの見事なカジュアルぶりだ。最も要望が高かった字が「苺」と「桔」だったというのはともかく、要望の中には、「漢和辞典」的な規範をいささかも顧みることなく、漢字本来の字義を無視した文字選びがなされているものも多い。

その一つが「偲」だ。「ほのかにしか見えない、ぼんやりしている」という、あまりいい意味ではないこの漢字が、なんと要望上位第二十四位に食い込む結果となったという。どうやら、「偲」を使って「ほのか」と名づけたかったらしい。そんな親の心理を、笹原教授は次のように想像し分析している。

「ほのか」と読める漢字を探す。（中略）すると、そこにいくつかの漢字が並んでいる。「仄」――平仄を知らなくても「仄」みたいで、よくない。「恍」――りっしんべんに光、いいかもしれない（これも要望があった）。しかし隣には「惚」。「恍惚」はうっとりするという意味だが、老人問題を扱った小説『恍惚の人』以来、意味合いが変化してきている。「佛」——仏具屋さんのイメージが赤ちゃんには合わない気がする。そんな字の最後にこの「優」がある。これだ、人を愛する、人に愛される、そして愛する人、ものすごくいい字を見付けた。こんな手順で選ばれているのではなかろうか。

まさにご明察。僭越ながら私も笹原教授に一票、である。

「漢字」から「感字」へ

ほかにも、「腥《セイ》」や「胱《コウ》」、「惷《シュン》」を使いたい、とした要望もあったという。

「腥」という文字に使われている「月」は、本当は「腹」「肝」などにも使われる偏「肉月《にくづき》」なのだが、「お月様」の「月」と勘違いして、「腥」を「月」と「星」のランデブーと見立てた〝美しき誤解〟によるセレクションらしい。

しかし、この字の意味は「なまぐさい、生肉、汚い」。感覚的に「月＋星」でステキな字とイメージしたのだろうが、およそ名前に使えるような文字ではない。

また「胱」は、「膀胱《ぼうこう》」の「胱」である。この熟語になっているだけでも、すでに名前向きでないのはおわかりいただけるはず。そのうえ、意味は「中がうつろになった内臓」だから、もう名前としては最悪である。

「惷」も、見慣れない字なので意味を知らずに選んだに違いないが、じつは「おろか」という意味を持っている。『漢字源』によると、「春」は陽気がずっしりと中にこもること。「惷」は「心＋音符としての春」で、心ばえの鈍重なことを指し、「おろか」のほか、「ものわかりが鈍くてのろい」の意とある。これまた最悪だ。

結局、「腥」は「月」と「星」、「胱」は「月」の「光」、「惷」は「春」の「心」と、どの字も「漢和辞典」的な本来の字義とはまったく無関係に、ただ字面からくるイメージでもって、なんとなくロマンチックで綺麗な字と受け止められているようだ。

こうした要望例を受けて、笹原教授は「近年の命名を見ると、このような意味以前のイメージを重視した、感覚的な漢字使用が目立つ。それに、字画による比較的新しい占いが強い影響力をもっている」と指摘している。

幸いなことに、「僾」「腥」「胱」「惷」は選定されなかったから名づけに使われる恐れはないが、この笹原教授の調査からもうかがえるように、「当用漢字第三世代」以降の人たちにとっては、前の世代が思っている以上に、「漢和辞典」的な規範の引力は本当に限りなくゼロになっているのである。

とすれば、一字一字に語源に基づく意味が込められている漢字の表意性は失われていくのは自明だ。漢字本来の規範と伝統とのつながりから隔絶した世代には、「漢字」はもはや、イメージやフィーリングで捉える「感字」になっているのかもしれない。

外国人の変な漢字タトゥーを笑えない

今、「変な漢字のタトゥー」というキーワードでネット検索すると、「え?」と驚くような漢字タトゥーを入れた外国の若者の写真がたくさんアップされている。

「性行為」「保護者」「麺」といったおよそタトゥーに不向きな語や、「勉族」「野恐い強い」という意味不明な熟語、ビミョウに字形が間違っている漢字を入れている人、はたまたスキンヘッドに「足」というタトゥーを入れている人もいた。

これに対して、日本の若者は「これはひどいwww」「なんじゃその文字。タトゥーは一生ものだから、よく考えてから彫れ!　っていうだろ」などと余裕でコメントを書き込んでいるが、本当に高みの見物を決め込んでいられるだろうか。

ゆっくりと大きく息を吸って、落ち着いて考えをめぐらせてみよう。

外国人の目には、漢字は意味のある文字ではなく、超絶クールなデザインとして見えている。彼らにとって、漢字とは見た目の形がすべて。字義も知らないし、そもそもその〝デザイン〟に意味があることすら理解していない人もいるかもしれない。当然、日本人から見たら、「いや、そりゃないでしょ」という感想になるわけだ。

だが、日本の若い親から要望があった「優」や「腥」だって、字面のイメージだけから選ばれたという点では同じだ。漢字の〝常識〟をわきまえた日本人から見たら、驚愕のチョイスである。変な漢字タトゥーを笑って吐いたセリフは、そのままブーメランのように「名前も一生ものだ。よく調べてつけろ！　っていうだろ」と戻っていく。

そう、「漢字」を「感字」として捉える、日本の「当用漢字第三世代」以降の人たちの漢字感覚は、カッコイイ印として漢字タトゥーを入れる外国の若者とほとんど変わらない次元に達しているのだ。他人事のように外国人を笑っている場合ではない。

「漢和辞典」的な引力の意味

思えば、この国にははるか昔、こうした「感字」のように、字義を無視して音だけを表す文字として漢字を用いていた時代があった。「万葉仮名」である。

中国大陸から漢字が伝来し、私たちの祖先は、声に出した瞬間に消えてしまう言葉を定着させることができる道具を初めて入手する。ただし、当初書かれていたのは、漢字を連ねて書く漢文である。自分たちの思いを自分たちの言葉で綴る際にも、伝来した漢字で書くしかなかった。そこで生まれたのが、万葉仮名だった。

異国の文字の持つ意味をそぎ落とし、やまとことばの音だけを表そうとした万葉仮名と、名前の音の響きを重視して当て字を使うキラキラネーム――たしかに似ている。「漢和辞典」的な漢字の字義の引力から脱していくベクトルは同じである。まるで古代日本の〝原点〟がはるかな時を超えて、二十一世紀の現代によみがえっているかのようだ。長い歴史の果てに、大きく一巡りして日本の〝原点〟に回帰したようにも見える。

しかし、実相は違う。もちろん、第四章で述べたように、「忌み言葉」やビジネスシーンでの「忌み名」といった古代人の言霊信仰を思わせる習俗は、今も色濃く受け継がれている。声にのせたやまとことばの響きと連なりのリズムが聴く者の心に訴えかけ、自然豊かな風土の中で育まれてきた日本人の琴線を震わせる。こうした心のありようは、昔も今も変わっていないだろう。

しかし、文字については、「美しい日本の原点に回帰した」などとロマンに浸っているわけにはいかないのだ。なぜなら、私たちの祖先が万葉仮名を使っていた当時、その文字はまだ中国からの借りものだったからだ。

繰り返しになるが、日本語とは、「漢字」と「やまとことば」とが交錯し、せめぎ合い、融合することで醸造されてきた〝ハイブリッド言語〟だ。異なる二つの言語体系が互いに引力を及ぼし合う中で、ときに漢字に撥ね返され、ときに組み伏せ、ときに調和しながら、悪戦苦闘の末に漢字は「日本語の文字」になり、日本語の文字表記も磨かれ続けてきたのである。

漢字の字形、そこに込められた字源と字義——そうした古代中国に発した文字が持っている力をも取り込んで、私たちの祖先は漢字を自分たちの文字に昇華させたのだ。

それなのに、「漢和辞典」的な規範の引力をゼロにしたら、つまり「中国語の文字」だった漢字本来の規範を無視したら、「日本語の文字」としての漢字も、重力を失って宇宙空間に放り出されてしまう。その〝原点〟こそ、忘れてはならないと思う。

☆ラノベ作家はカルさが命!?

重厚で古めかしいところがカッコイイという名前がある。「團十郎」「海老蔵」「勘三郎」といった歌舞伎の名跡はその好例だろう。「名は体を表す」というが、襲名当初は体に比べて名が大きすぎて、ぶかぶかな衣裳をまとっているように見えるもの。それが、時がたつにつれ、名になじみ、名にふさわしく体が大きく成長を遂げていく。その姿を親戚のような気分でながめるのが、また通にはたまらないと聞く。

この「通」を漢字ではなく、「マニア」とカタカナで書くような業界では、事情は正反対だ。時代の表層と戯れるように、ひたすら軽く、ポップでくだらないのがカッコイイとされる。

たとえばライトノベルの作家名も、ハンドルネーム感覚でつけられている。〝男なら誰もが夢見るシチュエーション〟にハマらせてくれるライトノベル文庫と銘打って、二〇一二年九月に創刊した「ヒーロー文庫」が開催した「ラノベ作家になろう大賞」の最終選考に残った三三作品のリストを見ると、作品タイトル、作家名ともに限りなくカルイ。

その中で佳作には「関ヶ原で待ってるわ!～わたしを裏切ったら許さない～」(五郎八)、奨励賞には「キミガイルセカイ」(詩希名駿彦)、「誰が為に竜は飛ぶ」(高遠夕)、「ふるおけっ!」(M@C)が選ばれた。ちなみに、「　」がタイトル、(　)が作家名です、念のため。

終章　「感字」、侮るべからず

予想だにしなかった迂遠な〝旅〟

キラキラネームを巡る私の〝旅〟も、どうやら終着地にたどり着いたようである。

それにしても、このテーマを調べ出した当初は、これほど長く迂遠な〝旅〟になるとは思ってもいなかった。

「キラキラネーム」と「DQNネーム」。呼び方にこの二種類があるように、巷に溢れている読めない名前に対する意見は、二極分化している。一方の極の「キラキラネーム」は「からかい」の意味合いでも用いられることがあるが、中心となっているのは名づけの当事者たちである。もう一方の極には、全面否定派がいて、読めない名前を「DQNネーム」と呼んで問題視し、親の自己満足やDQNぶり（教養のなさ）の表れと見なして非難している。

私は、このどちらにも共感できなかった。もちろん、どうしてあのような名前をつけるのか、まったく理解はできなかった。だが、読めない名前をめぐって起こっている激しい批判は、ネット上で「ある」とされている名前や、マスメディアに載っていた記事で知った名前、そしてそんな名前をつける親たち――そうしたものの「イメージ」に対して云々しているように感じられた。要するに、ネッシーがいるかどうかわからないのに、「いる」あるいは「いない」と決めつけて、その生態を論じているみたいで、「どちらとも言えない」という曖昧な態度しかとれなかったのだ。

この問題に限らず、昨今は、まず結論ありき。感情的な結論をあらかじめもっていて、それに合うデータを集めて感情的な〝気分〟を補強し、あたかも論であるかのように仕立てる、という風潮が横行している。嫌韓、嫌中の意見などその典型である。

しかし、白か黒かの間には無限のグレーが広がっている。本当に大事なことは、自分の頭で考えることだ。白か黒、どちらの陣営に入るか性急に結論を求めるのではなく、偏見なくデータを集め、それを素材にして自分で結論を導き出さなければならない。白か黒かを雰囲気で決めるのは、とても怖いことなのだ。

と言っても、ものがネッシーなら、それはエンターテインメントとして楽しんでいればいい。だが、読めない名前となると、そういうわけにはいかない。これまでの名前の〝常識〟を拒否するような、フリガナなしでは読めない名前。それに感じる困惑と違和感は、私の中でどんどん膨らんでいった。

そこで、実際にはどういうことになっているのか、本当に巷間言われているような変わった名前の子供がいるのか、とにかく、そこから調べてみることにしたのだった。

迷い込んだ言語の深い森

私は、自分自身がキラキラネームを前にして抱いてしまう違和感の正体を知りたかった。理由を確かめて違和感を解消し、胸のつかえをとってスッキリしたかったのだ。しかし、今思えば、どうやら私は「キラキラネーム」というテーマを軽く見すぎていたようである。

調べていけばいくほど奥が深い。歩いて行けば行くほど、周りの景色は原生林の雰囲気を漂わせるようになっていった。私が歩いていたのはハイキングコースなどではなく、鬱蒼とした得体の知れない森につながる道だったのだ。キラキラネームという今どきの現象は、根源的でとんでもなく深い〝言語の森〟につながっていた。第四章の冒頭の見出しを「名づけの深い森」としたのは、そんな実感からである。

そう気づいて以降は、「声に出す言葉の響き」と「漢字という文字」がせめぎ合う、日本語の源流をめざす〝旅〟となった。やまとことばの言霊や古代の日本人の文字との格闘について思いをめぐらせたり、日本での漢字の歴史を調べたり、足取りも重く、おろおろと道に迷いながら地図のない深い森を進むことになった。

私自身、どこへ向かっているのか判然としない道行き。日本語というものが、それこそ気の遠くなるほど長い歴史の中で培われ、今に至っていることの重さを思い知らされる行程であった。

キラキラネームは「炭鉱のカナリア」だった

そうした延々とした回り道の末になんとか導き出した結論が、ここまでに述べたとおり、キラキラネームは明治以来の国語政策の落とし子ということだった。明治以降の国語政策――これがキラキラネームの母胎だった。つまり、キラキラネームは「炭鉱のカナリア」だったのである。

キラキラネームに対する批判として、漢字表記と読みの常識から大きく逸脱したこんな名づけが蔓延すると、日本語がめちゃくちゃに壊れていく恐れがある、と憤る声を耳にすることがある。しかし、それは因果関係を取り違えている。キラキラネームで日本語が壊れるのではなく、日本語の漢字の体系が壊れかけているから、キラキラネームが増殖しやすくなっているのだった。

私は、今どきの親たちがこぞってキラキラネームをつける理由がわかったら、自分の中のモヤモヤは晴れる、とずっと思っていた。だが、今こうやってその理由がわかっても、違和感は少しも解消されず、相変わらず私の中に居残ってしまっている。

それはそうだ。キラキラネームは「炭鉱のカナリア」であって、事の本質は、現代の日本語社会全般に及ぶ問題だったからだ。私たちは無自覚のうちに、なんと国語政策に翻弄されてきたことだろう。

明治維新や第二次世界大戦の敗戦は、当時の政府や知識人たちに欧米との圧倒的な国力の差を思い知らせ、今ここで想像する以上に、「遅れている」漢字をなんとかしなければ日本はおしまい、近代化も民主化も実現不可能、と痛感させたに違いない。そのどうしようもない焦燥感は、制御不能の奔流のようになって、漢字の廃止や削減の推進に向かわせることになった。

近代化に前のめりになっていた当時の人々は、おそらくそのとき気づいていなかったのだ。日本語において、漢字がどれほど重要な役割を担っているのかを。

とくに戦後の国語国字改革（漢字の制限、音訓の整理、字体の変更）は、古代から複雑な重層構造をつくってきた漢字の歴史とのつながりを断ち切るものだった。戦前の難読名と最近のキラキラネームとは一見似ているが、両者の間には、歴史的な漢字の体系との断絶が横たわっている。

そうした戦後の国語政策によって生じた漢字社会の断層は、今、想像以上に大きな裂け目となって広がりつつある。

しかし、ゴロリとした違和感を抱えながら肝に銘じたいと思うのは、漢字廃止を目標に国語政策を推し進めてきた政府や知識人たちの短絡的な性急さである。「未来」だけを見つめて前のめりになっていたその姿は、過去の失敗も間違いもすべてなかったことにして、グローバリズムの掛け声に背中を押されて、ひたすら「未来」の成長に向けて前進していこうとする現在の日本の姿とよく似ている。

日本経済新聞社が二〇一三（平成二十五）年八月、電子版（Ｗｅｂ版）で「キラキラネーム」について意識調査を実施している。「子どもにキラキラネームを付けることをどう思いますか」と尋ねた結果、A「親の自由だ」は一一・七％、B「親が自粛すべきだ」は六二・七％、C「当て字的な読みは役所が受理を拒むべきだ」は二五・七％という回答を得ている（回答総数二一六六人。内訳は、性別では男性八六％、女性一四％。年齢では二十代が一〇％、三十代は二三％、四十代は二九％、五十代は二一％、六十代は一三％、七十代は四％。小数点以下、四捨五入）。

つまり、行政が介入して規制せよという人が、四人に一人の割合でいたことになる。親がそれほどひどい命名をしているなら公的権力の介入もやむなし、今すぐに是正させなければならない、という強い憤りからの意見であろう。

しかし、性急に公的権力でやめさせてなんとかできる次元の話ではないのだ。絆創膏を貼っただけでは、事の本質はなんら変わらない。それどころか、国語政策という公的権力の介入の結果、こういう事態に陥っていることを私たちは知らなければならない。

「漢字」を「感字」にしてはいけない

何度も言っているように日本語は、中国語の文字だった「漢字」と、言霊を震わす「やまとことば」とがせめぎ合い、融合することによって醸造されてきた〝ハイブリッド言語〟だ。多様な音訓が煩雑きわまりない結果になっていようと、世界から見たらガラパゴス化した言語であろうと、それが日本語のあり方なのである。

漢字を換骨奪胎して体内に取り込んでしまった日本語は、もはや音声のみでは成立しえない言語になっている。

たとえば、私たちは会話の際（いちいちそんなことを考えているわけではなく、ふわりとした感覚的なものだけれど）、文字を思い浮かべながら相手の言葉を聞いている。漢字と結びついて初めて言葉の意味が立ち上がってくるからだ。だから、耳で聞いただけではわからないとき、「それ、どんな字を書くの？」と聞いたりするわけだ。

「せいこうのひけつをおしえてくださいよ」という言葉に赤面しないで対応できるのも、咄嗟に「成功の秘訣を教えてくださいよ」という文字を想起できるからだ。世の中にあふれている同音異義語を平然と使いこなしていられるのも、なにより漢字が音声を裏打ちしているおかげである。

その「漢字」が過去の歴史とのつながりを断ち切られ、イメージやフィーリングだけで捉える「感字」になりかけていることは、じつに危うく空恐ろしいことなのだ。

もちろん、現時点で漢字社会が崩壊しているわけではない。伝統的な漢字の〝常識〟

の命脈はまだ完全に尽きているわけではない。大胆すぎる簡略化政策を進めた漢字の母国の中国や、ハングル政策に傾く韓国や北朝鮮に比べたら、日本ではまだかろうじて過去の漢字世界とのつながりが保たれているといえるだろう。

「当用漢字第一世代」が過去から手渡された漢字観も、一定の抑止力の役割を果たしている。しかし、悲惨な戦争の記憶でさえ、継承していくのが難しくなっている現状を目にすると、漢字社会の行く末に強い危惧を覚えずにはいられない。

歴史の中で培われてきた漢字の伝統が急速に失われようとしている今、平易でカジュアルな漢字観の「当用漢字第三世代」以降の人たちはもちろん、それ以外の世代も、過去とのつながりを意識することを忘れないでほしいと切に願う。

「過去とのつながり」などと言うと、今どきは右翼的な思想の持ち主のように思われかねないが、日本が「美しい国」だからそう言っているのではない。どんな国であろうとなかろうと、思想信条にかかわりなく、私たちは過去とのつながりの上に存在している。「過去」なしには、「今」も「未来」もないのである。

現代の若い親御さんが子供に名前をつけようとするとき、気の遠くなる時をかけて先人たちが悪戦苦闘してきた文字の歴史や営みに思いをはせることなど皆無だろう。よほど古典や歴史に興味がある人でなければ、考えたこともないに違いない。

しかし、言葉は「今」だけに生きているわけではない。遠い過去に漢字と真剣勝負をした祖先たちがいて、先人たちが幾世代にもわたって、無文字だったやまとことばに文字を与え、日本語を造形するという難事業に取り組んできたのである。私たちの言語生活はそうした歴史の上にある。

その長い歴史の中で育まれてきた〝言語の森〟からの滋養が尽きたとき、日本語の漢字は、外国人の漢字タトゥーのような、意味のない単なるデザインになり果ててしまう。そして、そのときは日本語全体も貧弱な力のないものになって、私たちの言葉は表面をさっとなでるだけの薄っぺらなものになってしまうことだろう。

これからの日本語社会の行方は、私たち一人ひとりが話し、書き、読み、そして名づける言葉の、いわば一票一票にかかっている。「漢字」を「感字」にしてはいけない。これが、迂遠な〝旅〟を終えた私の結論である。

あとがき

序章で述べたように、キラキラネームの謎を探る私の〝旅〟は、「光宙」という名前との出合いから始まりました。ちょうどその頃執筆していたのが、篆刻家の高橋政巳氏との共著『漢字の気持ち』（新潮文庫）でした。過去に編集者として高橋氏の『感じの漢字』『感じる漢字』（ともに扶桑社）にかかわり、古代漢字に込められた古代人の思いや知恵の奥深さにすっかり魅了されていた私は、『漢字の気持ち』では執筆を担当することとなり、漢字についてあれこれと考えをめぐらせているところだったのです。そんな時期でしたから、キラキラネームは私の中に強烈な印象を残しました。

名前は私たちにとって最も身近な漢字です。じつは同書の巻末にも、「名前に使われる漢字の語源」と銘打った一〇ページほどの付録がついています。「名前の漢字」は豊かな漢字世界への入り口になる、本編とともに読んでいただけたら、と考えたからです。

ところが今や、そうした「名前の漢字」の世界にただならぬ異変が起こっています。

キラキラネーム現象の本質とはいったい何なのか……そんな疑問に突き動かされて、私は文庫出版後、同書を担当してくださった新潮社の寺島哲也さんに「キラキラネームをモチーフにして名前の漢字について書いてみたい」と相談をもちかけました。すると、氏はご興味を示し、執筆に向かうよう背中を押してくださいました。こうして本書の企画が動き出しました。

とはいえ、行き着く先は杳として知れず、私は言語という根源的な大テーマに取り込まれて、わが身の不勉強を反省しつつ、もがく日々を送ることになりました。その後の右往左往ぶりはすでに書いたとおりです。そのため、子供の名前の現状をリサーチして第一章を書いてから最終的に脱稿するまでにたいそう時間がかかり、「子供の名前ランキング」などのデータが最新のものではなくなってしまいました。そのことをお断りしておかなければなりません。ただ、その後も傾向に大きな変化はなかったため、当初の調査データをそのまま掲載しました。

終章にたどり着くまでには、〝日本語の深い森〟で道に迷い、遭難しそうになったこともありました。寺島さんにはその間、辛抱強くお付き合いいただき、折にふれ第一級の編集者ならではの示唆に富んだアドバイスをいただきました。ただただ感謝あるのみです。本当にありがとうございました。

新書として刊行するにあたっては、新潮新書編集部の後藤裕二さんと門文子さんに格別のご尽力を得ました。両氏ならびに本書の成立を助けてくださったすべての方々に心より御礼を申し上げます。

また最後になりましたが、高橋氏の古代漢字の本をプロデュースし、私が古代漢字の世界に目を啓くきっかけをつくってくださったのは、中野生活文化研究所の中野吉明さんと溝江寛乃さんです。ここにお名前を記してあらためて感謝の意を表します。

平成二十七年四月吉日

伊東ひとみ

主要引用・参考文献

『古事記』倉野憲司校注（岩波文庫）
『日本書紀』坂本太郎・家永三郎・井上光貞・大野晋校注（岩波文庫）
『萬葉集』（新 日本古典文学大系）佐竹昭広・山田英雄・工藤力男・大谷雅夫・山崎福之校注（岩波書店）
『続日本紀』（新 日本古典文学大系）青木和夫・稲岡耕二・笹山晴生・白藤禮幸校注（岩波書店）
『古語拾遺』斎部広成撰、西宮一民校注（岩波文庫）
『枕草子』池田亀鑑校訂（岩波文庫）
『紫式部日記　現代語訳付き』山本淳子訳注（角川ソフィア文庫）
『新訂 徒然草』西尾実・安良岡康作校注（岩波文庫）
『本居宣長全集』第二十巻　大野晋・大久保正編集校訂（筑摩書房）
『玉勝間』村岡典嗣校訂（岩波文庫）

＊

『漢字源』改訂第五版　藤堂明保・松本昭・竹田晃・加納喜光編（学習研究社）
『古典基礎語辞典』大野晋編（角川学芸出版）
『名乗辞典』荒木良造編（東京堂出版）

『たまひよ赤ちゃんのしあわせ名前事典　２０１３〜２０１４年版』たまごクラブ編（ベネッセコーポレーション）
『日本語の歴史』亀井孝・大藤時彦・山田俊雄編（平凡社ライブラリー、平凡社）
『日本語の誕生――古代の文字と表記』沖森卓也（歴史文化ライブラリー、吉川弘文館）
『図解　日本の文字』沖森卓也・笹原宏之・常盤智子・山本真吾（三省堂）
『漢字』白川静（岩波新書）
『漢字百話』白川静（中公新書）
『日本人の姓・苗字・名前――人名に刻まれた歴史』大藤修（歴史文化ライブラリー、吉川弘文館）
『日本人の名前の歴史』奥富敬之（新人物往来社）
『名前の禁忌習俗』豊田国夫（講談社学術文庫）
『日本の女性名――歴史的展望』角田文衛（教育社歴史新書、教育社）
『名づけの世相史――「個性的な名前」をフィールドワーク』小林康正（風響社）
『読みにくい名前はなぜ増えたか』佐藤稔（歴史文化ライブラリー、吉川弘文館）
『昭和を騒がせた漢字たち――当用漢字の事件簿』円満字二郎（歴史文化ライブラリー、吉川弘文館）
『戦争とふたりの婦人』山本有三（岩波新書・特装版）
『日本の漢字』笹原宏之（岩波新書）
『漢字と日本人』高島俊男（文春新書）

主要引用・参考文献

『日本語の歴史』山口仲美（岩波新書）
『漢字からみた日本語の歴史』今野真二（ちくまプリマー新書）
『漢字は日本語である』小駒勝美（新潮新書）
『名前と人間』田中克彦（岩波新書）
『うたと日本人』谷川健一（講談社現代新書）
『ことば散策』山田俊雄（岩波新書）

＊引用については原則として出典の表記に従ったが、旧漢字を新字にするなど改めた部分がある。

伊東ひとみ　1957（昭和32）年静岡県生まれ。奈良女子大学理学部卒業。奈良新聞社文化面記者、雑誌・単行本の編集者を経て文筆家に。著書に『漢字の気持ち』『恋する万葉植物』（ともに共著）。

Ⓢ新潮新書

618

キラキラネームの大研究《だいけんきゅう》

著　者　伊東《いとう》ひとみ

2015年５月20日　発行

発行者　佐　藤　隆　信

発行所　株式会社新潮社

〒162-8711　東京都新宿区矢来町71番地
編集部(03)3266-5430　読者係(03)3266-5111
http://www.shinchosha.co.jp

図版製作　株式会社クラップス

印刷所　株式会社光邦

製本所　憲専堂製本株式会社

ISBN978-4-10-610618-7　C0281

新潮新書

370 性愛英語の基礎知識 吉原真里

デートとは「どこまでの関係」を言うのか。正常位がなぜ「宣教師の体位」と呼ばれるのか――。アメリカでネット上での出会いを〝実践〟してきた著者による特別講義。

376 即答するバカ 梶原しげる

すぐに答えればいいってもんじゃない。ちょっとした工夫で、あなたの言葉は「すごい力」を発揮する。しゃべりのプロが、いまどきの気になる「口のきき方」を総点検。

410 日本語教室 井上ひさし

「一人一人の日本語を磨くことでしか、これからの未来は開かれない」――日本語を生きる全ての人たちへ、〝やさしく、ふかく、おもしろく〟語りかける。伝説の名講義を完全再現！

489 ひっかかる日本語 梶原しげる

トイレの張り紙に、池上彰さんに、無礼な葬儀屋に、キャバクラ嬢に……ひっかかって見えてきた真実は？「しゃべりのプロ」が贈る現代日本語の基礎知識&コミュニケーションの秘訣。

528 名前の暗号 山口謠司

「彦」は〝美男子〟、「隆」は〝高度成長〟……。AKB48では、なぜ「子」が付くメンバーに人気があるのか？ 名前に潜む奇想天外な「暗号」を読み解く、日本初のユニークな名前辞典。

Ⓢ新潮新書

534
国語教科書の闇
川島幸希

これでいいのか国語教科書！ 検定という名の壁、パターン化した定番小説、変化を嫌う人たち、仰天の実態。問題は歴史教科書だけじゃない。もう一つの教科書問題がここにある。

540
日本人には二種類いる
1960年の断層
岩村暢子

長年、食卓を中心に日本人を見つめてきた著者が到達した、「個」と「家族」、人との関係性を変えた「1960年の断層」。従来の世代論とは一線を画す、実証的な新日本人論の誕生！

543
知的創造の作法
阿刀田高

ひらめくには秘訣がある！ 実践的ノートの作り方から「不思議がる」力や「ダイジェストする」力の養い方まで、「アイデアの井戸」を掘り続ける著者からの「知的創造へのヒント」。

566
だから日本はズレている
古市憲寿

リーダー待望論、働き方論争、炎上騒動、クールジャパン戦略……なぜこの国はいつも「迷走」してしまうのか？ 29歳の社会学者が「日本の弱点」をクールにあぶり出す。

568
頭の悪い日本語
小谷野敦

「命題・私淑・歴任」の誤用から、「上から目線」など何だかムズムズする気持ちの悪い言葉まで、正しい意味を知らずに使うと恥ずかしい三五〇語を網羅。須らく日本語は正しく使うべし！